体育教育数字化管理理论与实践

李国冰◎著

中国纺织出版社有限公司

内 容 提 要

本书开篇以体育教育的基础理论作为切入点，进而引申出体育管理理论及方法论述，又对信息化时代下体育教育的思维转变进行了详细分析，并结合国内外体育教育管理的实践经验，对新形势下高校体育教育信息化管理的创新实践进行了深入探究。本书用发展的眼光对体育教育进行了全面且深入的分析和阐述，力求体现体育教育数字化管理的科学性、先进性和实用性。全书理论与实践相结合，具备一定的学术性，可供高校体育教师、体育管理研究者、从业者学习参考。

图书在版编目（CIP）数据

体育教育数字化管理理论与实践 / 李国冰著. -- 北京：中国纺织出版社有限公司，2024.5
ISBN 978-7-5229-1809-9

Ⅰ. ①体… Ⅱ. ①李… Ⅲ. ①体育教学—数字化—研究 Ⅳ. ①G807.4

中国国家版本馆CIP数据核字（2024）第110546号

责任编辑：赵晓红　　责任校对：高　涵　　责任印制：储志伟

中国纺织出版社有限公司出版发行
地址：北京市朝阳区百子湾东里A407号楼　邮政编码：100124
销售电话：010—67004422　传真：010—87155801
http://www.c-textilep.com
中国纺织出版社天猫旗舰店
官方微博 http://weibo.com/2119887771
三河市宏盛印务有限公司印刷　各地新华书店经销
2024年5月第1版第1次印刷
开本：787×1092　1/16　印张：11
字数：200千字　定价：98.00元

凡购本书，如有缺页、倒页、脱页，由本社图书营销中心调换

前言

体育教育作为现代教育体系的核心环节，其质量直接影响着人才培养的水平。随着体育教育改革的深入进行，体育教育正步入多元化发展的轨迹。国内外新兴的体育教育观点和理论的应用，为体育教育带来了积极的发展势头。面对21世纪数字化的浪潮，体育教育面临着新时代对人才培养的需求适应，重点在于强化技能和能力为导向的教育理念。教育信息化作为系统性变革的关键环节，不仅支持教育的现代化进程，还推动着教育观念、模式和体系的全面更新，目标是将数字化教育发展提升至国际先进水平。

在数字化时代，体育教育管理理论迎来了新的发展阶段。利用数字技术搭建体育教育管理平台，提高了体育教育管理的效率，促进了其现代化。数字技术不仅为体育教育提供了创新的管理工具和方法，也为课程内容和教学形式的创新开辟了新的路径。

《体育教育数字化管理理论与实践》是一本全面探索体育教育在数字化背景下的发展与实践的专著。本书系统阐述了体育教育的基本理论、管理方法、数字化转型的必要性及其在新时代下的应用。通过分析高校体育教育的管理原理与特点，书中深入探讨了数字化带来的挑战与机遇，并探索了数字技术与体育教育管理的有效整合方式。同时，本书也关注了信息时代下教育管理的新趋势，如跨学科融合、个性化教学实践、在线资源整合等，旨在为体育教育领域的数字化转型提供理论指导和实践案例。

本书在撰写过程中，笔者参阅了众多专家、学者的研究成果，在此致以衷心的感谢。由于笔者能力有限，书中可能存在一些不妥或疏漏的地方，恳请广大读者不吝赐教。

李国冰

2023年10月

第一章	体育教育概述	1
第一节	体育教育的相关概念界定	1
第二节	体育教育的发展现状分析	11
第三节	体育教育的基本原则探索	15
第二章	体育教育管理理论及方法	23
第一节	高校体育教育管理的原理	23
第二节	高校体育教育管理的特点	32
第三节	高校体育教育管理的内容	41
第四节	高校体育教育管理的方法	61
第三章	体育教育管理思维的数字化转向	71
第一节	教育管理思维的相关内容概述	71
第二节	体育教育管理思维数字化转变的时代要求	78
第三节	体育教育管理思维的发展需求	92
第四节	终身体育学习新的实践场域	103
第四章	数字化时代下体育教育管理面临的挑战与机遇	109
第一节	数字化带来的机遇	109
第二节	数字化带来的挑战	117
第三节	数字技术与人文的平衡	123
第四节	当代中国的体育数字化管理借鉴——以杭州第19届亚运会为例	132

第五章 新形势下体育教育数字化管理创新形态与实践研究……………………141
　第一节 数字技术与体育教育管理的全面整合实践 ………………………141
　第二节 信息时代下跨界合作与跨学科融合 ………………………………146
　第三节 数字驱动下的学生个性化教育实践 ………………………………153
参考文献……………………………………………………………………………167

第一章
体育教育概述

第一节 体育教育的相关概念界定

体育是社会需要的产物,是随着社会的发展而形成的一门独立的学科。本节分为体育的产生与发展、体育教育的产生与发展、体育教育及相互概念辨析、体育教育与人格魅力的塑造四个部分。主要内容包括:体育科学的发展对社会发展的影响、体育产生和发展的动因、体育教育发展的建议、体育教育与健康的辩证关系、体育教育对学生身心发展的影响等方面。

一、体育的产生与发展

(一)体育产生的背景

体育是一种社会活动。当社会发展到一定阶段后,人类产生了运动方面的需求,体育就应运而生了。人们在进行体育活动的同时,不仅身体能够得到锻炼,还能从运动中体会到乐趣。体育的存在形式和发展速度受社会发展水平和经济水平的制约。同样,体育对社会的发展也有很大的影响。随着经济水平的提高和社会的高速发展,体育对各行各业的影响越来越大,所以要求现代体育的发展要朝着科学化的方向发展。

体育最初是以体力劳动的形式存在的,是人类为了能够在社会中生存下来而进行的体力劳动。随着社会的发展和时间的推移,人类能熟练地应用工具,并在劳动的过程中积累了一定的经验,再加上各种新的劳动工具的发明,人类已经不满足于仅能够在社会中生存,而有了更深层次的需求。生活条件的改变,也对人类的身体提出了更高的要求。

随着社会的快速发展，科技水平的不断提高，劳动工具越来越先进，生产机器越来越自动化，生产的水平越来越现代化，这些情况都在很大程度上解放了劳动力。同样的工作任务，人们完成它所需要的时间越来越短了。另外，随着信息时代的到来，交通工具和社交媒体越来越多样化，在很大程度上缩短了人们出行的时间，使人们之间的沟通更加方便，但是人们的运动量也相应地减少了，长此以往，由于缺乏一定的运动量，人们的身体素质逐渐变差，这就需要加强体育锻炼，增强体质，使身体保持健康的状态。由此可见，体育是人类生活中不能缺少的运动活动，适当地进行体育运动，不仅能丰富人们的生活，也能帮助人们增强体质。在运动过程中，人们工作、生活中的压力也可以得到缓解和释放。

（二）体育产生和发展的动因

在原始社会，人类为了在恶劣的自然条件下生存，进行了一系列的生产活动，体育就是在这些生产活动中产生的。随着社会的发展和进步，人类不再满足于基本生存所需要的物质需求，也想要满足自己内心的精神需求，由此就产生了体育运动。总之，体育的发展不能脱离社会而存在，社会的发展也离不开体育的影响，二者相辅相成，体育产生和发展的根本动因是社会的需要。

1. 体育萌生与社会需要的相关性

社会需要是人们对一些事物需求的体现，是一种发自内心的需求，也是支配个人行为的原动力。人们正是为了满足需求，才进行各种各样的行为活动。人类是一种有自己思维能力的高级动物，为了能在艰苦的环境下生存，他们会自己想办法创造工具和制造食物，在适应恶劣的环境后，又能改变生存的环境，使自己的生活过得更好。这些劳动活动不仅锻炼了身体，还增强了体质，它们虽不能被称为体育，但是孕育了体育萌生的因素。

人类社会是一个非常庞大和复杂的社会群体，因此人们的需求也是多种多样的。按照马斯洛提出的"需求层次论"，按照由低到高的顺序，人的需求可以划分为：生理需求、安全需求、社会需求、尊重需求、自我实现的需求。这些需求是人类在社会中生活必然会经历的心理过程，满足这些需求的方式有很多种，都是通过人类的身体活动来实现的，这也是体育产生的内在原因。

2. 体育发展与社会需要的紧密性

体育作为一种社会活动，离不开社会的影响，二者是相互影响相互促进的关系。因此，从某种程度上来说，体育的发展史也能体现社会的发展过程。体育的发展史是一个很漫长的过程。在原始社会，自然条件十分恶劣，人们的思想比较愚昧无知，为了能够生存下去，人们进行着各种体力劳动。一方面，人类通过劳动改变了自然条件，获取了食物等劳动成果。另一方面，人类在劳动的过程中也学习到了很多新技能，改变了自身的很多特征。在这个时期，体育和劳动并没有分开单独存在，而是和劳动混合到一起共同存在着。

随着社会的发展，人类创造产品的能力越来越强，不仅能满足日常生存的需要，还能有一部分剩余的产品，这样人们就有更多的时间进行其他的活动，来满足更进一步的精神需要。当人们在劳作之余有时间进行一些娱乐活动的时候，就代表了体育与劳动正在慢慢地分离。人类逐渐意识到身体活动不仅能给生活带来娱乐，也能增强身体素质，抵抗病毒的入侵。人们慢慢地就把这种运动传播和发展起来，把这种身体活动作为一种保证身体健康的手段。当以改善身体健康为目的而进行某种身体活动时，体育就以独立的形式产生了。

体育不能脱离社会而独立发展和存在，它的影响渗透到了社会的各个领域中。体育随着人类社会的进步而迅速地发展，其主要有以下三个原因：一是拥有丰富的物质条件，二是社会发展的需要，三是人们对精神方面追求的提高。人们在拥有丰富物质财富的同时，也追求丰富的精神生活，这样就使体育的发展有了更广泛的社会基础。随着信息化时代的到来，各国之间的体育交流机会更加频繁。体育运动的作用已经不再局限于满足个人精神生活水平的提升，而是扩大到了社会和国家层面。体育运动也可以作为一种外交手段，各个国家通过体育竞技比赛，互相学习，促进交流。另外，体育运动还能振奋民族精神，这种体育价值的改变，也标志着体育发展到了一个新阶段。

（三）体育发展史

1. 自然体育

自然体育是人类社会中存在时间最久、最原始的一种体力劳动。顾名思义，自然体育包含自然和体育两方面的含义。自然是指不受外力干扰，自然存在的现象，在自然的环境中，人类的生活完全受大自然的支配。体育是指为锻炼身体而进行的一系列体力活动。

自然体育是指在原始社会，人类为了能在恶劣的自然环境中生存，利用大自然的条件进行的一系列的体力劳动。自然体育的观点是由卢梭提出的，他认为，所谓"自然体育"，就是运用自然的工具和方式使人类得到自然的发展。自然体育主要存在于原始社会。在原始社会中，生活环境恶劣，人类头脑简单，四肢发达，自然体育就由此得以萌发、发展和成长。

2. 专门体育

专门体育是指随着人类社会的发展，人们为了能够适应新的环境、追求更高的物质和精神条件、更好地在社会中生存，从劳动活动中发展出来的专门培训劳动者技能的体育。从某种角度来说，这是一种积极向上的、有意识地体育活动。

（1）学校体育

学校在产生初期，并不是专业的教育场所，而是练习技能或者养老的场所。教育的内容主要是人们之间生活技能的传播和沟通，由经验丰富的、手艺精湛的人向其他人传授耕种和建筑等专门的技能。现代学校教育分为四个阶段：幼儿园、小学、中学和大学。学校体育教育的主要目的是帮助学生增强身体素质，使学生身心共同健康发展，养成顽强的体育精神，待学业完成步入社会后，做一个拥有体育精神的人。学校体育教育的最终目的是普及全民体育，提高全民健康水平。

（2）竞技体育

竞技体育是为了达到某种目标而进行的体育活动。竞技，顾名思义，是竞争的意思，没有竞争就没有动力，有了动力才会去行动，最终实现人类社会的发展。竞技体育是一种具有竞争力的体育运动，是从体育教育中分离出来的一种以提高运动员竞技水平的一种社会活动。竞技体育虽然不能提高人们的文化知识水平，但却能激发人们勇于冒险、吃苦耐劳的品质，挖掘出人们的运动潜能。

二、体育教育的产生与发展

（一）体育教育的产生

体育是人类在日常生活中积累的一些生产劳动活动，随着社会的发展，体育的内容也会不断地发生变化。总之，体育是人类文化史中很重要的一部分，体育要想在社会中得到传播和发展，需要借助体育教育这个渠道。体育活动是在生活中产生的，它受当地风俗文化习惯的影响很大，因此不同的地域产生的体育活动，都具有自己的特征，反映各个地域的风俗特点。不同的地区文化造就不同的体育文化，不同的体育文化造就不同的体育教育。

中华民族有五千年悠久的历史，创造了灿烂的文化，在社会文化发展的过程中，体育也起到了巨大的作用，但是很多时候我们并没有意识到体育的作用。翻阅古籍，探索中国体育的发展之路，人们发现原来早在古代社会的教育体系中，就已经存在体育的概念。根据历史记载，夏朝就已经存在体育教育和学校，只是概念没有那么清晰。在当时，学校的体育教育内容是礼、乐、射、御、书、数，被称为"六艺"。人们通过学习这些才艺，来展示自己的社会地位。另外，从漫长的军事体育史上看，我国也出现了相应的体育教育内容。由此可见，这些早已形成的各种类型的体育教育思想，为我国近现代体育教育的产生奠定了良好的基础。

（二）体育教育的发展

1．"健康第一"的体育教育思想

在现代社会，随着经济的发展和物质水平的提高，人们越来越重视健康问题，也把健康作为一种生活理念。健康的生活理念是指在饮食方面，挑选绿色健康的食物；在生活方式方面，遵循早睡早起的生活习惯。但也有些人没有意识到健康的生活习惯的重要性，所以说接受一定的健康教育，对每一个人的成长和全面发展至关重要。为了顺应时代的发展和社会的需求，在未来的教学活动中，要借助体育教学这一途径，向学生灌输健康生活的理念，加强身体健康的教育，最终达到身体和心理共同发展的目的。体育教育和健康教育是相互影响、相互促进的关系。所以说，在进行体育教育的同时，要把健康的理念融入课程之中，让学生意识到健康的重要性。

2．以素质教育为主线的体育教育

素质教育注重学生的全面发展，体育教育是素质教育的一个重要方面。体育教育的内涵在于学生参加体育锻炼，参与体育比赛，提高自身身体素质、心理素质、社会适应能力以及人格等方面的综合素质。在实行素质教育的过程中，身心健康素质是学生发展其他素质的重要基础。让受教育者参与一定的体育教育，使他们拥有优美的身材，强健的体质，身体机能也得到强化，并有助于平和心态和定期锻炼习惯的养成。促进身心的健康发展，提高对环境的适应能力，以自信、稳定的心态迎接所有挑战和困难。因此，体育教育应该以素质教育为主线，不断提高自己的教育品质，丰富自己的教育内容，为培养全面发展的人才作出贡献。

三、体育教育及相互概念辨析

（一）体育教育与健康的辩证关系

为了提高学生的体育核心技能和素养，体育与健康课程已经逐渐成为学校必不可少的一部分。学校的体育与健康课程不仅向教师和学生传递了要提高学校体育的知识与训练技能，增强体质，也充分培养了教师和学生吃苦耐劳、与他人之间互相协作的意识和能力。

1．体育与健康的内涵分析

体育与健康是通过学生身体进行练习和运动为主要方式，以提高学生体育与健康的知识、技能和训练方法的运用为学习内容，以及增进教师与学生自我健康意识为主要学习目的的体育必修课程，是教师和学校课程体系的重要组成部分，是为了提升学校学生的素质教育和培养学生德智体美全面融合发展的人才必不可少的重要方式。在体育教育中，学生的身心健康和体育老师之间有着十分密切的关系，教师运用丰富的现代化教学手段和创新的方法来树立和转变科学教育理念，运用一种具有个性化、趣味性体育游戏的方式来充分激发和培养学生的创新性和学习喜好，比如羽毛球这种属于终身性的体育运动爱好，教师可通过改进体育教学中的评价，使学生自己与自己进行比较，不按照学校的统一标准进行评价，也就是学校可通过组织和举办体育竞赛的方式来激发学生的参与热情，大力向学生宣传"健康第一"的理念，让学生更加重视健康体育终身性的观念。健康是指我们的身体、心理与社会各方面都持续保持积极的健康状态，而不仅是说身体没有一点疾病。只有当我们在身体和心理以及社会适应的各方面都保持良好的健康状态，才可以算得上真正意义上的身心健康。

2. 体育运动是促进健康的重要手段

（1）体育运动促进个人身体健康

身体健康说的是我们保持一种良好的体能、正常的机能、精力充沛的健康状态。但是随着当今社会生活节奏的加快，部分人的生活习惯不合理，会导致一些慢性病的出现。终身体育能促进人体的生理和心理发展，让每个人的不同时期的体育锻炼具有积极的意义。要根据人体发展的不同时期的特点进行体育锻炼，每个时期的锻炼要求不同就需要不同的锻炼方式和方法。体育运动不是一蹴而就的，而是一个长期的过程，要从小就具备终身体育锻炼的意识。终身体育不仅能够强身健体，更可以丰富人们的精神世界，让人们得到更好的精神享受，心理上会产生成就感、舒畅感。随着社会的迅速发展，人们往往追求更高层次精神层面的价值。所以，让学生树立终身体育观就尤为重要，要让学生了解到和认识到为何需要进行体育锻炼，如何对他们进行适当的体育锻炼，养成定期进行体育锻炼的良好习惯，从而可以促进他们的德、智、体、美、劳全面的发展。学生在进行体育锻炼的过程中，可以磨炼自己的身体和意志，适当地进行一些体育锻炼活动可以有效促进自己的身体肌肉力量增长。学生时期正是身体心理健康发育的关键时期，体育运动可以帮助他们进一步增强自身的体质和免疫力，提高对一些细菌和病毒的抵抗和侵害。运动可以提高新陈代谢，增强心肺功能以及身体的肌肉力量和韧性，提高血液循环系统中的蛋白质养分吸收和运输能力，消耗蛋白质和脂肪的同时增强了心脏、肺等身体各器官的新陈代谢机能。

（2）体育运动与辩证法的相互联系

任何事物都具有两面性，只有一面的事物是根本不可能存在的。如何加强体育运动最重要的一点就是不要过度地进行体育锻炼，因为一个人的身体对运动量是有一定承受限度的，太强的运动和体育锻炼有时会直接使自己的心脏受伤。人如果过度运动，首先可能会损害骨骼、肌肉、关节、筋膜，很容易出现这些骨骼器官和肌肉组织的严重劳损，甚至出现应力性运动导致骨折等的情况。尤其是平时运动量不大的人突然需要进行大量的应力性运动，更容易出现这些骨骼肌肉和筋膜的过度劳损，甚至导致出现骨折的严重情况。此外，过度运动或其他因素可能会直接增加人们心脏的压力和负担，导致出现心肌缺血、心肌损伤的严重情况。而过度运动后体内骨骼肌肉组织中的乳酸物质就会大量地排泄和堆积，增加肾脏乳酸排泄的压力和负担，严重的甚至可能会直接导致出现急性的肾小管功能的损伤、肾功能衰竭的严重情况。所以运动要适度和适量，找到适合自己的运动方式。

（二）体育教材与体育教学内容的关系

1. 体育教材和体育教学内容的概念

（1）体育教材

课堂是鲜活的，教材是静态的，在动态的教学过程中，体育教材被赋予了广义和狭义的属性。广义的体育教材是辅助体育教学的一切材料，体育教材形式多样，是体育教学的载体和媒介，是教学活动的工具，例如，讲义、图片、PPT、音像等；狭义的体育教材是对众多体育素材进行筛选过的，结合学生发展特点的，按照学科发展规律的，符合教学大纲、教学目标而加工编制成的教科书。

（2）体育教学内容

体育教学内容讲的是学生"学什么"的问题，有学者认为，体育教学内容是为完成体育教学目标而选用的体育知识和运动技能体系，它以体育教学为目的，学习一定的运动技能，通过身体练习，能够完成教学比赛和组织竞赛等不同的形式。体育教学目标确定体育教学内容的选择，除了符合目标，还要根据学生身心发展特点，传授学生知识和技能等。体育教学内容还包括在体育教学环境下各种具体的体育教学方法、教学手段和教学形式，更加具体更加细致更加微观，包括教师的"教"和学生的"学"的所有内容。

2. 体育教材与体育教学内容的辩证关系

体育教材与体育教学内容是体育教学的两个要素，大部分体育教育工作者在多年的工作经验中，并未对体育教材和体育教学内容间的关系进行研究和探讨。在体育教学中，应把握好两者关系并在诸多素材中进行组织加工，更好地服务于体育教学。两者间的关系有：教材不同于教学内容。教材是在教授过程中所利用的一切素材和方法，是师生教学活动的媒介，而教学内容是具有一定文化价值的内容，教材承载着教学内容，但教材不是教学内容的全部，教材是在有价值的体育教学内容中筛选、判断和选择出来的，教学内容蕴含教材，是一种承载和被承载的关系。另外，教学内容的素材多，来源广，难归类，需要经过严密的逻辑关系和一定的教学规律来对其内容进行加工和组织，甚至创新，演变为教学素材及教学方式方法等，使之适合体育教学环境；再将教学内容进行组合、排列就形成具体的教材。

体育教材与体育教学内容既有联系又有区别，对体育教学内容按一定的逻辑关系，进行选择，形成体育教材。体育教材包含具体的教学内容，但也从属于体育教学内容。体育教材是体育教学内容的"教材化"，而教材化的内容就是体育教学的具体内容，体育教材具有一定的稳定性，体育教材构成的主体是体育教学内容，体育教学内容体现体育教材。教学内容不同于教材，教学内容是"教什么"的问题，如传授的知识，包括教师的"教"和学生的"学"；教材涉及的是"用什么教"的问题，它是从诸多素材中选出来的教学材料，两者以"关系"的形式存在。教材是静态的，课堂是鲜活的，教学内容源于教材，教材是选择体育教学内容的前提和保障，在体育教学中应该超越教材，教材中选择的内容需经过改造加工创新，才能富有价值。

综上所述，体育教材和体育教学内容既联系又区别，体育教材是按照一定的逻辑关系以学科的知识体系为框架编制的，而体育教学内容是以身体锻炼为主要手段、以体育教育为主要目的。

四、体育教育与人格魅力的塑造

（一）体育教育对健全学生人格的重要作用

1. 体育人格与人格体育的正迁移

体育人格和人格体育有相互促进的作用。体育人格指人们在从事体育项目的时候所表现出来的言行举止、精神面貌和意志品质等诸多方面，体育人格展现给社会的是道德品质的体现，是人内心最真实的东西。人格体育指人们参加体育活动，锻炼自己的身体能力，增强自己的坚强意志，从而尊重他人。体育锻炼可以激发出人积极向上的斗志，让人们认识真正的自己，帮助人们勇于面对生活的困境，通过这两者的相互融合，进而转化为强大的人格力量。

2. 促使学生个性全面发展

个性化这个词是中性词，可以往好的方向发展，也可以往坏的方向发展，我们所处的环境或多或少会影响人的性格，可以鼓励学生们经常参与体育运动，增加运动量，既可以团结同学，又可以愉悦身心，还能激发学生的个人潜力，充分发挥个性，增强创造力，做一个全方面发展的人才。

3. 体育文化具有教育功能

体育文化具有教育的功能，体育教育是每个学生都要经历的教育，虽然体育教育之前不占据主导地位，但现在学校越来越重视体育教育。体育教育可以让学生的人格发生蜕变，让他们学会用体育文化的眼光看待事物，以至于形成自己的体育文化价值观。

（二）体育教育对大学生健全人格的影响

1. 人格的基本含义

人格的定义是比较宽泛的，一开始它被应用于人的表象认知，后来就逐渐演化成比较细腻的人物品质。当今社会，人格被应用于许多学科之中。从心理学的角度看，人格形成的本质通常是个性的形成，每个人都有自己的个性，它是在人生阅历中慢慢形成的心理特征，这其中又包含了人的需求、能力、欲望、感受等。从法律层面来讲，人格是作为人所拥有的权利和义务的体现，它包含了人物特性的全部，是人整体思想的体现，人格包含了人的行为，还包含了人的内在精神即人的品质。

2. 体育教育对人格形成的影响过程

人格形成发展的基本过程是人类智力、心理以及体质等因素之间相互促进与共同作用的过程，人格形成发展的基础在于拥有健康的体质。一个有着强健体魄的人比身体虚弱的人更易发展健全人格，怯懦、拖拉、急躁以及懒惰等人格发展过程中出现的缺陷与不进行体育锻炼有直接的关联。形成人格必须至少由下面三个因素起到推动作用，即实践因素、机体因素以及社会因素。其中，可能性是由机体因素提供，而引诱力是由社会因素所带来的，最后，个人的实践活动将以上两点相结合，让之前的可能性变成现实性。

人格发展的历程是与人的社会化进程无法分开的。人的社会化发展是角色学习、价值获得与内化统一的过程，我们常常在体育教育中能够明显地感受到此过程的存在。体育课程是完成体育教育的主要方式，与其他学科不同的是，体育课程教学可以伴随着学生身体的操练和活动，在这整个的学习过程中，学生的大脑会产生极为强烈的兴奋灶，同时产生与之相关的代谢反应与适应性运动，在运动的同时必须对心态进行及时的调整，使注意力得以集中，让学生的体力与智力、心理与生理共同参与到运动当中，从而形成新的环境适度，因此，体育教育对人格形成具有一定的影响力。

（三）基于体育教育视角的大学生人格塑造

1. 创新体育教学方法和手段

教师应当选择科学合理的教学方法，才能够激发学生的体育学习兴趣，应当紧密抓住体育教育自身特有的价值与内涵，设计多元化的教学方法，进一步优化课堂教学内容。在体育教学过程中，可以采用小组合作或者是竞赛等方式，充分运用体育运动中的内在精华感染并鼓舞学生，使学生在合作与竞争中健全人格。

2. 营造愉快、轻松的学习氛围

体育运动具有很强的娱乐性功能，教师给学生上体育课的时候要把这种快乐思想全部带给学生，让学生充分感受到教师的热情，从而调动学生的积极性和参与程度，让学生体验体育教学带来的快乐感受，这样可以改变学生对体育课程的偏见。体育教学还应该进行创新教学，可以借助室外的空地、道具，教师要和学生一起体验多样性教学、游戏化教学，这样才能使学生更加热爱体育这门学科，主动去感受体育的独特魅力。

3. 强调学生价值观与人生观的教育

价值观与人生观是一个独立个体对社会与自然认识的重要观点，同时，它们也是控制以及调节个体行为的基本标准。体育活动也是一项对抗性的运动，它除了属于战术与技术的对抗外，还是心理、身体与知识的对抗。在体育运动中可以帮助学生学会观察问题、分析问题并且找到相关的规律；懂得只有凭借智慧技巧、自身实力、真才实学才能真正将对手打败，取得最终的胜利；学会在文明健康的竞争与比赛中追求体育运动的价值与真义，感受体育运动的乐趣，并且追求身心的自我升华与超越。

4. 培养学生自主、自立与自强的精神

体育教学中无论是集体项目还是个人项目都需要学生具有一定的主观能动性，鼓励学生全身心地投入，积极参与到运动中。学生在体育学习中必须懂得如何判断观察，在必要的情况下做出正确的选择，懂得如何应付赛场变化，最终培养学生分析、解决问题的基本能力。就大学生来说，一部分学生通常会表现出相应的表现欲与好胜心，而体育课堂正好可以为这些学生提供一个展示自我的机会，让学生在运动规则中表现自己的优势，发挥其特长，使自己的个性得以展示出来，培养人格独立性与自主精神，用自身的智慧、素质、技巧与特点撰写华丽的人生篇章。

体育运动充满竞赛的乐趣，这也使得学生更加乐意参与到体育运动中。学生可以通过自身具备的能力以及胜负心来鼓舞、激发斗志，当取得胜利时，其自信心也会有所提升，从而激发学生的斗争勇气。而当面对失败时，学生受挫能力也得到了锻炼，这种力量也将推动他们更加积极向上。体育竞赛除了是体力上的竞争外，同时还是智力上的竞争，为此，这在一定程度上能够培养高校学生的应变能力、受挫能力、创造能力以及竞争能力。

第二节　体育教育的发展现状分析

一、体育教育改革与发展中存在的问题

我国体育教育经过漫长的发展并取得了良好的成绩，培养了大批优秀的体育人才和综合人才，但同时存在诸多问题，制约了体育教育改革与发展的步伐。下面具体分析当前我国体育教育改革与发展中存在的主要问题。

（一）场地器材缺乏

不管是开展体育教学活动，还是开展课外体育活动，体育场馆及设施都是必不可少的基础条件。当前高校体育教育基础设施条件与新形势下高校体育教育改革要求和趋势严重不符，无法满足高校体育教育的发展需要。

具体来说，高校体育基础设施主要存在下列几个方面的问题。

第一，体育场馆和器材设备数量少，有些体育项目的器材设施严重短缺，制约了体育教育的开展。

第二，高校现有的体育场馆、器材大都是与高校开展的热门体育项目相对应的，如田径、篮球、健美操等，而其他体育项目对应的场馆设施则较少，如游泳馆、足球场等。高校体育场地设施配置的单一性使得很多学生的运动需求得不到满足。

第三，高校体育场馆器材大都比较陈旧，存在严重的老化现象和破损问题，影响了正常使用。

（二）理论教学薄弱

体育理论教学是高校体育教育的重要组成部分之一，其对体育实践教学具有重要指导意义。通过开展体育理论教学，能够使学生对体育基础理论、基本知识、健康常识、运动保健知识等有基本的了解，并能使学生利用理论知识去指导运动实践。

高校大学生处于青年期，身心发展都已成熟，他们正处于接受高等教育、学习高深知识、寻求个性化发展和实现社会化的关键阶段，但这个时期的大学生也常常忽视运动健身，忽视身心健康的协调发展，从而导致体质水平下降。对此，开展体育理论课教学很有必要，通过理论教学，能够培养大学生的体育知识素养、正确的体育观念和良好的体育态度，使大学生树立终身体育观念，自觉参与体育锻炼。

当前我国很多大学生的体育意识比较薄弱，掌握的体育理论知识不够丰富，体育运动观念也不够科学、准确、先进，从而导致其运动锻炼的积极性不高，运动锻炼效果不佳，体质健康水平下降，并影响了其他素质的协调发展。造成这种现象的原因之一是高校理论课时少，理论课教材陈旧，教学内容的针对性不强，缺乏具有长期性和终身性的教学内容，理论教学内容体系有待完善。

（三）学生身体素质不高

大学生是高校体育教育的重要主体，高校体育教育的水平和质量直接反映于学生的体育观念、体育意识、体育锻炼情况以及身心素质等方面。调查了解到，很多大学生的体育意识薄弱，体育观念落后，没有养成良好的体育锻炼习惯，课余时间参加体育活动的学生以男生居多，女生较少，大学生掌握的健身锻炼方法也较少，且运动能力较差，运动保健技能水平不高，导致身体素质较差，身体健康状况不理想。大学生体育观念落后、体育锻炼行为习惯不佳以及身体素质水平不高与高校体育教育内容单调、体育教育方法落后有直接的关系。

二、体育教育改革与发展面临的挑战

（一）市场经济体制的挑战

教育的发展受经济发展水平的制约，它不能超越经济发展所提供的物质基础，必须与经济发展相适应。经济发展水平和社会生产方式决定了教育的整体状况，经济体制也对教育体制有决定性影响。在计划经济时期，高等教育的管理方式围绕完成计划来确定，高等教育在计划的统一要求下开展，这种运行机制束缚了我国高等教育的发展，缺乏动力与活力。

社会主义市场经济体制确立后，生产力得到解放，社会经济加速发展，为我国高等教育的发展提供了良好的基础。我国高等教育真正开始适应市场经济的时间并不久，高等教育与市场经济兼容已经是必然趋势。市场经济对高等体育教育意味着什么？简言之，就是将会面临更加激烈的竞争，竞争不再局限于各高校之间，而是扩大到整个高等教育领域，而且不再局限于国内，已经扩大到国外。因此，包含体育在内的高等教育要培养面向社会、面向世界、面向未来的人才，要适应社会经济发展，大力提高人才培养质量，不断扩大人才市场份额。

（二）推进素质教育的挑战

随着素质教育理念的不断普及与成熟，高校的素质教育问题也开始引起人们的关注。高等教育要重视培养大学生的创新能力、实践能力和创业精神，提高大学生的人文素养和科学素质，要坚持教育创新，深化教育改革，优化教育结构，合理配置教育资源，提高教育质量和管理水平，全面推进素质教育。全面推进素质教育既是党和国家对高等教育的要求，也是我国高等教育的一个发展趋势。体育教育作为高等教育的重要组成部分之一，理所应当地也应推行体育素质教育。

（三）提高民族素质的挑战

当前，党和国家重视发展体育事业的同时，对体育事业提出了更高的要求，即要使全民族的思想道德素质、科学文化素质和健康素质明显提高，形成比较完善的现代教育体系、科技文化创新体系、全民健身和医疗卫生体系。这就需要教育、文化、卫生等各个系统协调配合。高等体育教育是我国体育事业的重要组成部分，居于基础性地位，对提高全民族整体素质有重要价值和意义。

综上所述，高校体育教育在知识经济时代面临着市场经济体制目标建立、推进素质教育、提高全民族素质的挑战，高校体育教育要适应新时代对人才培养的要求，必须深化改革，只有改革才能改善现状，才能培养出适应时代要求和社会发展所需要的高素质人才。

三、体育教育改革与发展的策略

（一）建立符合实际的教学模式

不同高校的体育教学条件、大学生的身心素质及运动素质等均有差异，因而不同高校的体育教育方案也是不同的，应严格贯彻因材施教的教育原则。体育活动形式本身就是丰富多样的，室内外体育活动应融为一体，课内外体育活动应有机联系与结合。高校可以通过优化教学目标、改革教学手段、丰富教学内容、创新教学组织形式等方法来着手体育教育的研究和探索，从而建立与学生兴趣相符、能够激发学生学习热情以及能有效提高体育教育水平的体育课程体系，使之与高校体育教育的整体发展趋势相适应。

（二）合理选用教材

在体育教学中不能忽视合理选用体育教材的重要性和必要性，选用合适的体育教材，有助于改善体育理论教学与体育实践教学。不同地区的高校因为各方面因素的影响，开设的体育课程存在一定的类型差异，不同地区高校大学生的身心素质、运动基础、学习能力也存在差距，所以要选用何种体育教材，需要从实际出发进行理性分析，建立科学的多元化的体育教材体系。各高校应结合本区域文化特色大力开发能够突显独特性的优质体育课程，满足学生的多样化需求。

高校应注重本校体育教材的质量，编撰符合教学实际的体育教材，在获得有关部门审核批准的前提下，使用本校撰写的校本教材。

（三）合理安排教学内容

高校应丰富体育教学内容，激发学生对体育课的兴趣，根据不同类型课程的设置来明确安排教学内容，教学时要精讲精练，全面细致，突出重点。高校也可以根据考核内容制订教学计划，选择教学内容，提高学生的体育文化素养和体育学习能力，达到使学生树立终身体育理念的教学目标。

（四）改善师资教学水平

为优化高校教师队伍，高校可引进新的体育教师，为教师队伍注入新的活力，使得教师教学环境变得朝气蓬勃。另外，高校也应不断提高体育教师的专业水平，合理安排教师进修，使其了解新的体育专业知识，拓展知识面，与时俱进。高校应支持体育教师进行教学研究，注重对体育教学、素质教育以及教学发展趋势的研究，将理论研究成果运用到实践教学中，不断提升体育教师的综合能力，最终提高体育教学质量。

（五）加强信息技术与体育教育的整合

以计算机多媒体技术为核心的教育技术对提高教学效率与效益起到重要作用。信息技术与体育教学整合，改变了传统教学模式，在丰富学科知识、创设教学情境、优化学生认知、优化教学结构等方面具有显著作用。因此，应加强信息技术与体育教学的深度整合，充分发挥现代教育技术对提升体育教育质量的重要作用。

（六）完善体育教育管理信息系统

随着计算机技术的飞速发展和互联网的大力推广，开发适合高校体育教育特点的体育教育管理信息系统，能够为高校体育教育运行和管理创造先进的信息网络环境，有利于节约人力资源，提高管理水平，实现体育信息资源共享，实施科学体育管理。

第三节　体育教育的基本原则探索

一、体育教学的主要原则

无论是一般的课程教学还是体育教学，教学原则都由几个乃至几十个构成。体育教学涉及的因素和内容较多，要归纳起来是非常困难的。一般来说，体育教学原则分为教育性原则、科学性原则、锻炼性原则三大类。

体育教学原则是对体育教学实践经验及规律的概括和总结，是实施体育教学最基本的要求，是保持体育教学最基本的因素，是判断体育教学质量的基本标准。本书主要论述与体育教学密切相关的几个常用原则。

（一）合理安排身体活动量原则

1. 合理安排身体活动量原则的含义和依据

体育教学的特点是身体活动或称身体运动，因此，体育教学要使学生身体所承受的运动负荷有效、合理，以达到锻炼身体、掌握体育技能的目的，这就是体育教学中合理安排身体活动量的原则。

合理安排身体活动量原则是依据体育教学的本质特点和体育教学的运动负荷规律提出来的。一般来讲，运动负荷就是学生做练习时身体所承受的生理负荷量，它由运动强度和运动量构成。运动强度就是单位时间内身体所承受的运动量的大小，运动量就是运动的内容、数量、时长等。在体育教学中，应合理地安排身体活动量，使学生都能达到适宜的生理负荷量，才能在锻炼中有好的效果。

2. 贯彻合理安排身体活动量原则的基本要求

（1）身体负荷量的安排要服从教学目标

一堂体育课合理的身体活动量的安排是为实现课程教学目标而确定的，简单来讲就是要根据课程目标、课程类型来安排不同的运动负荷。

（2）要针对学生的特点安排身体活动量

在体育教学过程中，参与锻炼的学生存在个体差异，学生的体质不同、性别不同，且身体形态、身体机能、身体素质也不同。因此，一定要根据不同学生的特点来安排身体活动量。

（3）运动负荷的调节

运动负荷由运动强度和运动量构成，要使体育教学过程中学生的身体活动量适宜，就必须根据课程目标、教学内容、教学进度、教学设计等来调整运动负荷。

调整方法无外乎调整运动强度或调整运动量两个方面。一般而言，强度大，量就小；反之，强度小，量就大，这是一般的体育教学运动负荷调整原则。在体育教学中一般对运动量进行调整，即调整练习的内容、练习的时长或练习的数量即可达到适宜要求。

（二）促进运动技能不断提高原则

体育教学的目的是促进学生技能的提高，因此在教学的过程中要注重促进学生技能不断提高的教学原则，保证教学目的的实现，提高教学质量。

1. 促进技能不断提高原则的含义

促进体育教学技能不断提高的原则是由体育教学的目标、社会的需求和肌体发展的需求三个因素共同决定的，也是实现体育教学终身化的基本前提和条件。

掌握体育教学的运动技能，是通过体育教学提升学生的运动能力、发展学生的运动素质、提升学生运动技能的有效途径，也是让学生体验运动的乐趣、提升体育教学质量的前提，更是判断体育教学目标是否完成、检测教师教学能力高低的标准。

2. 贯彻促进运动技能不断提高原则的基本要求

促进学生运动技能的不断提高，是体育教学目标的重要组成部分，也是体育教学的意义所在。在制订这一教学原则的时候，应该做到以下四点。

（1）正确认识运动技能在体育学习中的重要意义

掌握运动技能可以锻炼学生的身体，提升学生的运动素质，促进教学质量的提高。因此，教师在教学的过程中，要正确认识学生的运动技能。

（2）明确运动技能学习的目的，有层次地掌握运动技能

体育教学要求学生掌握运动技能，就是为了丰富学生的学习生活，增强学生的身体素质，保证学生的健康成长。因此在教学的过程中，开展以"提高运动技能"为目的的教学时，要树立"健康第一"和"终身体育"的理念。将体育教学目标根据教学任务进行分阶

段的划分，有层次和分门别类地让学生掌握体育教学大纲所要求的运动技能。

（3）要钻研"学理"和"教学"，提高教学质量

要想提高教学质量，首先应该做到"知己知彼"。因此，要让学生很好地掌握体育运动技能，就必须详细地掌握运动技能的规律，特别是教学环境中的各种运动技能的特点和发展的规律。因为体育教学是一门较为复杂的学科，并且教学的时间相对有限，为了保证体育教学的效率，我们必须研究体育教学技能提高的途径和规律。

（4）要创造提高运动技能的环境和条件

任何一种技能的学习都会受到环境和条件的影响，只有在环境和条件相适宜的情况下，才能最大限度地发挥教学的作用。影响这种环境和条件的因素，不仅包括教师自身的运动技能和水平、教学场地和器材的优化，还包括体育教师对学生学习氛围的营造。

（三）在集体活动中进行集体教育原则

体育教学侧重集体性，有些活动强调以小组为单位，这有利于在活动进行过程中增强学生的团结意识，提升学生的集体荣誉感。这也是体育教学的目的之一。因此，在集体活动中要注重以下集体教育原则。

1. 在集体活动中进行集体教育原则的含义

在集体活动中进行集体教育原则是指，在学生进行集体性的学习活动时，要注重对集体荣誉感和团队合作意识等集体活动特性的培养，增强集体的凝聚力，使学生形成正确的集体意识，养成良好的集体行为习惯。

体育教学活动主要以协同、竞争、表现为特点，这些特点主要是在集体活动形式中得到体现。再加上体育教学侧重于室外教学，受到场地、教学活动范围和教学方式的影响，体育室外教学的开展一般以小组为单位，这使得体育教学具有集体性。因此，在教学过程中要注重对学生进行集体教育。

2. 贯彻在集体活动中进行集体教育原则的基本要求

根据体育集体活动和集体组成的特点，将体育教学中贯彻在集体活动中进行集体教育原则的要求介绍如下。

（1）分析、研究和挖掘体育教学中的集体要素

从体育教学的特点可以看出，体育教学中有很多集体性的要素，因此，在进行体育教学的过程中，要注重分析、挖掘具有集体含义的要素，如团队的意识、共同的目标、互帮互助的活动形式等。教师在进行集体教学的过程中，应将这些要素有目的、有意识地融入

学生的集体活动和体育学习之中，以便促进对学生团队意识和集体荣誉感的培养。

（2）善于设立集体运动的场景

在体育教学过程中衡量教学活动是否具有集体性的依据是检测集体是否具有共同目标、是否具有共同的学习平台，因为共同的目标和学习平台是集体运动的重要组成部分。共同的学习目标是每个学生学习的动机和欲望，共同的学习平台是学习的场所和环境，能够体现集体的存在感。这两个要素能够让学生更好地凝聚在一起，互帮互助完成共同的目标。因此，教师要贯彻教学中的集体教育原则，就应该善于设立集体运动的场景，如打篮球、进行拔河比赛等。

（3）善于开发有助于集体学习的方法

要合理贯彻集体活动中进行集体教育原则的手段，就必须建立有助于集体学习的方法，这是促进教学目标实现的重要方法。如组织学生进行课堂讨论、分组进行某种运动技能的比赛等，这些教学方法都将为体育教学中贯彻集体教育原则提供技术上的保证。

二、体育教育的主要特征

（一）身体参与的直接性

体育教学的根本目的是增强学生的体质，其教学本质就是通过肌肉群的运动，促进学生身体机能的发展，从而增强学生的运动技能。这就决定了体育教学这门课程需要通过反复的教授和实践，让学生掌握锻炼的方法。直观地说，就是通过肌肉的感觉将信息传递到中枢，然后经过反复的条件刺激，建立起条件反射，最终经过分析、总结，使学生达到对某种技能的理性认识，并且掌握某项体育运动的技能。因此，体育教学的特点之一就是身体参与的直接性。身体参与的直接性主要表现在两个方面：第一是教师身体参与的直接性，因为有些体育运动需要教师亲身示范，这是体育教学中最常见的一种教学方式；第二就是学生身体参与的直接性，学生按照教师的示范，亲身参与，进行反复尝试和练习。

（二）运动知识传承的可操作性

体育运动知识指的是身体知识，这一点也是体育运动同其他学科相比最为明显的差异之处，同时是人们对自然外部知识的追求逐渐向人体内部知识进行转移的结果，更是一种面向人类本体、人类本身与人类自我的挑战。

在现阶段，教育界对学生的主体性地位给予了肯定与重视，而对人类自我知识的不断追求，不仅对高校体育教学的特殊性进行了展示，还使高校体育教学具有了传承知识的重要意义。从这个角度上来讲，高校体育教学并不是传统意义的，而是对身体知识的传承，而身体知识是一种能够实现人类自身感觉真正回归的知识，也是科学知识的一种，只是人们没有发现与挖掘这种知识的重要性而已。可以想象的是，这类知识在未来肯定会受到人类的广泛认可、关注，并能够在人类身心健康的相关研究中被广泛应用。

（三）教师与学生身体活动的频繁性

在高校体育教学开展的过程中，教师需要不断对运动项目的动作进行示范、指导与反馈，这主要是因为身体知识源于身体的不断实践与操作，同时对于学生而言，也需要身体的操作和体验。如果想要学习、掌握运动技能，就需要反复地进行身体的操作和演练。因此，在体育课堂教学开展的过程中，教师和学生身体活动会比较频繁，学生不仅有身体的强烈活动，还有运动体验的欢快情绪。

（四）学生身心合一的统一性

体育从本质上来讲，就是改造人自身的过程，在强调生理机能和形态结构统一的同时，还强调身心的和谐发展。高校体育教学活动开展的过程不仅要追求体育文化的传承，还要使学生的身体改造得到一定的促进，同时还要使学生的心理素质与社会适应能力得到强化。高校体育教学开展过程营造了许多生动的情境，这一点也是其同智育教学间的差异之处，这为学生心理素质的发展与社会适应能力的提高创造了良好条件。

所以，高校体育教学过程同辩证唯物论的观点是相符的，讲究身心发展的统一性。身体发展是基础，而身体的发展支持了心理发展，同时心理的发展还能够对身体的发展起到促进作用。高校体育教学开展过程中身心合一的统一性，主要体现在以下三个方面。

①高校体育教学内容要注重对学生各种能力和素质的培养，注重心理与社会的适应性培养，符合社会学和心理学等方面的要求。

②体育教师的教学方法和教学组织必须要与学生的身心发展规律相符，在动作与休闲的反复交替过程中，使学生的健身目的得以实现。练习活动与休息在一定的范围内合理地交替进行，因此，学生的生理机能变化会以一条波浪式曲线呈现出来。

③体育课程教学同学生的年龄特征与心理特征也是相符的。学生的心理活动所呈现出来的曲线图像是高低起伏的，而这种生理、心理负荷的波浪式曲线变化规律，使高校体育教学的鲜明节奏性与身心统一性、和谐性得到展现。

所以，体育教师在对各种教法与组织进行安排的过程中，应该充分考虑学生的心理特征，只有这样才能够使学生的身体发展得到促进，使学生的兴趣爱好与积极性得到有效激发，进而促进高校体育教学功能的有效发挥。

（五）体育教学过程的直观形象性

体育课程教学开展的各个过程，都对鲜明的直观形象性进行了体现。例如，对体育教师而言，其讲解要使用有趣贴切、形象生动的语言，艺术性地加工所要传授的东西，将语言简单化，使学生加深对教学内容的感知。同时，体育教师需要应用特殊的演示形式，如通过动作示范、优秀学生的示范、学生正误对比示范、人体模型、动作图示、教学模具等直观地、形象地进行展示，从而建立清晰正确的运动表象，使学生从感官上对动作进行感知。通过直观的动作演示，学生能够将得到的表象同思维紧密联系在一起，更好地掌握体育知识与体育技能。

（六）学习者身体生理负荷性

体育教学中涉及很多的运动和锻炼，这些都是通过肌肉群的运动，促进身体机能的变化。从生理角度而言，很多体育运动、活动都会牵涉到身体做功的问题，学生在参与的过程中，可以通过肌肉群的运动促进新陈代谢，增加身体的生理负荷，最终达到强身健体的目的。例如，组织学生参加跑步活动，跑步结束时，学生会感觉到小腿肌肉和大腿内侧的肌肉有酸胀感，同时会造成身体的劳累，这就说明了体育锻炼具有增加人体的身体生理负荷性的特点。除了跑步这项运动之外，跳远、篮球、足球等能够带动机体肌肉群的运动，都能对机体产生负荷。在进行体育教学的过程中，教师也可通过引导学生反复地进行体育运动的实践，完成教学任务。

（七）体育内容的审美情感性

体育课程教学的美，最直观的表现是运动开展过程中教师与学生的人体美与运动美。通过运动塑身，教师和学生身体各部分线条的美与身体比例对称的美得以形成，并且人体运动的美也在这一运动过程中得以实现。上述这些都是外显的内容。在运动开展过程中人体的精神美也会得以实现。例如，在运动开展的过程中，需要克服生理障碍和心理障碍，使高校体育教学目标得以顺利完成，使得礼貌、谦让和团结等风范得到体现。

高校体育教学活动不仅展示了人体美、运动美和精神美，还使得高校体育教学内容的审美性得到体现。每个运动项目都对审美特征和美学符号进行了不同的表述，例如，球类运动项目不仅使个人的运动优势得到展示，也可兼顾到群体互助、协调和合作等人际素养；田径运动不仅使学生个人的运动才能得到表现，同时展示了永不言败、永不服输的精神；体操运动项目使人的技艺与灵巧得到展示等。这些内容都是前人累积的经验总结，教师加工后传授给学生，以此让学生去感知，获得身心的全面健康发展。此外，高校体育教学活动作为一种社会活动，具有一定的创造性，教师与学生共同营造的教学情境在精神上能够给人以启迪，令人回味。

（八）客观外界条件的制约性

同其他学科教学相比，高校体育教学的另外一个不同之处就是，高校体育教学效果很容易受到外界各方面的影响和实际客观情况的约束。例如，学生的性别、年龄、生理特点、心理特点、体质强弱与运动基础、体育场地、运动设施、客观气候条件等。从高校体育教学对象的层面上而言，高校体育教学应该使教育的全面性得以实现，在运动基础方面区别对待不同水平程度的学生，同时还要针对学生的性别、年龄、生理特点、心理特点与体质强弱等方面的实际情况实现区别对待。例如，在机能水平、身体形态、运动功能与运动素质等方面，男女学生会存在明显的不同，因此，在教学选择、教学设计和教学组织等方面就应该对性别差异进行考虑。从高校体育教学环境的层面上而言，鉴于室外存在较多的影响因素，所以体育课堂教学一般会在室外开展教学，使学生的视野更加广阔，但同时学生的注意力也非常容易分散，如意外声响和汽车鸣笛声等的干扰。当然，也有一些不可控因素的存在，比如天气等，都会干扰到高校体育教学过程。由于体育课程教学在体育场地、器材设施和客观气候条件等方面存在一定的要求，所以体育教师在制订学年高校体育教学计划、课时具体计划、选择教材内容、实施教学组织方法的时候都应该将上述影响因素纳入考虑，尽量减少各种因素的干扰性，促进高校体育教学效果与质量的提高。此外，体育教师还应该对酷暑、严寒等自然条件进行利用，使学生适应环境的能力得到提高。

三、体育教育的地位与作用

从全局来看，高校体育作为全民体育不可分割的一部分，为社会体育、竞技体育和终身体育奠定了基础，也因此成为我国体育事业的一个战略发展方向。所以，在综合性高素质人才培养方面，在全国体育事业繁荣昌盛方面，高校体育的作用不可替代。

（一）高校体育与全民健身

高校体育对全民族体质的增强、全民族素质的提高具有重要意义。目前，全球各国都在进行综合国力的竞争，抢占新科技革命技术制高点。一国国民的体质是民族竞争力的重要组成部分。国民体质的强弱、全民族素质的高低，都关系着民族的前途和国家的命运。青少年的身体素质是一个民族身体素质水平的象征和表现。他们在学校期间正处在身体生长发育的成熟期和完善期，体育锻炼是影响学生身体生长发育与完善的重要因素。所以，做好高校体育工作，积极引导学生参加体育活动，有利于增强学生体质，促进学生身体发育成熟，还能培养他们热爱体育锻炼，养成运动习惯，提高运动技能，为终身运动、健康工作做好保障。

做好高校体育工作，能扩大我国体育锻炼人口，掀起体育社会化风潮。做好高校体育工作，学生就能得到良好的体育锻炼，他们在将来的事业发展中，更容易脱颖而出，做出一番事业。这对全民健身运动的提倡、体育运动的全民普及、体育人口范围的扩大、体育社会化进程的推进具有极大的积极作用。

（二）高校体育与终身体育

社会革命和新科学技术革命大大促进了人们生产生活水平的提高。一方面，人们对身体素质要求越来越高，对愉快、文明、健康的休闲生活水准的要求也越来越高；另一方面，现代社会快节奏、高强度的工作环境也给人体健康带来了损害。为了积极应对来自社会进步的压力和挑战，终身教育、终身体育锻炼理念被人们传播开来。

显然，终身体育不仅仅是指高校体育，还包括学前体育、高校体育和学后体育整个人生周期。所有的社会成员都要接受学校教育，而学校教育是终身体育的基础，起到承前启后的作用，是终身体育的关键组成部分。

首先，高校体育要为终身体育打好体质基础。儿童和青少年处于成长的重要时期，长知识离不开长身体。高校体育必须满足学生身心发展的需要，尊重学生心理、身体素质特点，因材施教，有的放矢，促进学生身体茁壮、健康成长，高质量发展。这样有利于他们全身心投入繁重的学习思考活动中，为他们将来的人生打下坚实的身体基础。

其次，高校体育要培养学生终身体育的意识、习惯和能力。所谓的终身体育意识，通常指对终身体育的认识，只有认识到了终身体育的价值，才能自发地锻炼。终身体育的习惯是指在正确认识指引下，坚持体育锻炼，将其发展为爱好，进而成为一种习惯，这样就能长期坚持下去。高校体育就是一个有目的、有计划的体育教育过程。体育学科的各项知识技能和科学训练原理与方法都应通过学习系统掌握，这样才能促进体质健康，培养起终身体育的意识、习惯和能力。

终身体育的能力可以理解为终身体育的本领，具备了这种能力就能更好从事终身体育锻炼。它主要包括自学、自练、自评、创造等能力。自学是指学生自主学习，主动学习陌生知识技能的能力。自练和自评能力一般是指学生在体育锻炼中能根据自身情况以及实际条件进行计划、安排、组织、实施和评估。创造能力则是指学生创造性运用所学知识解决实际问题的能力。这些能力并不是孤立的，而是相互联系的它们构成了终身体育能力。学生对这种能力的掌握和运用，能使学生长远受益。它对学生的终身体育教育起着极为重要的作用。

第二章
体育教育管理理论及方法

第一节 高校体育教育管理的原理

一、高校体育教育系统原理

（一）系统原理概念

系统原理是指对一个系统的结构、功能、行为、规律等方面的基本认识，是系统分析和设计的理论基础。系统原理可以帮助我们理解和改进一个系统的运行效率和效果，以及预测和控制系统的发展趋势和变化。

高校体育教育系统是指高等学校中开展体育教育活动的有机整体，包括体育教育的目标、内容、方法、组织、管理、评价等要素，以及这些要素之间的相互关系和作用。高校体育教育系统的目的是培养学生的体育素养和健康意识，提高学生的身体素质和运动技能，以促进学生身心的全面发展。

高校体育教育系统原理是指对高校体育教育系统的本质、特征、规律、功能、效果等方面的科学认识，是高校体育教育改革和发展的指导思想和方法论。高校体育教育系统原理可以帮助我们把握高校体育教育的方向和目标，优化高校体育教育的内容和形式，完善高校体育教育的组织和管理，提高高校体育教育的质量和水平。

（二）系统原理的应用

根据对系统原理的认识和理解，可以引申出符合该原理思想的管理原则。即统一指挥原则、整—分—合原则、整体效应原则和相对封闭原则。

1. 统一指挥原则

统一指挥原则是指在一个系统中，应该有一个统一的决策中心，对系统的各个部分进行有效的指挥和控制，以实现系统的目标和任务。这个原则的优点是可以避免系统内部的冲突和混乱，提高系统的响应速度和执行力，减少系统的开销和浪费。这个原则的缺点是可能导致系统的僵化和单一化，忽视系统的多样性和灵活性，抑制系统的创新和发展。

统一指挥原则的一个典型应用是军事指挥系统。在战争中，军队需要有一个统一的指挥机构，如总参谋部，对战场上的各个部队进行统一的指挥和协调，以实现战略目标和战术任务。这样可以保证军队的行动一致和高效，避免敌人的分化和瓦解。但是，如果指挥机构过于集中和僵化，可能会忽视战场的变化和部队的实际情况，从而指挥失误导致战败。

2. 整—分—合原则

它是指管理必须在整体规划之下明确分工，在分工的基础上有效综合，以保证整体目标的实现。这即是"整—分—合"的过程。

运用"整、分、合"原则必须把握好三点：

①树立整体观点，这是大前提，最终目的是扩大整体效应，实现整体目标。这是"整"字。

②抓住分解这一关键，分解正确，分工就合理，就规范；不会分解，不善分工，就无法抓住关键。这是"分"字。

③分工与协作要有机结合，分工并不是万能的，分工不可能实现系统的整体目标。在分工的基础上，必须进行强有力的管理，使各环节同步协调，才能加大整体效应，这是"合"字。

但是，管理自身的功能不能分解，需保证每一功能单位在人、财、物上的自主性。

3. 整体效应原则

整体效应原则是指一个系统的效果不仅取决于系统的各个部分的效果，而且取决于系统的各个部分之间的相互协同作用。这个原则的优点是可以发挥系统的潜能和优势，提高系统的综合效能和竞争力，增加系统的附加值和创造力。这个原则的缺点是可能导致系统的复杂度和难度增加，增加系统的风险和不确定性，降低系统的可控性和可靠性。

整体效应原则的一个典型的应用是经济系统。在经济活动中，各个企业、部门、行业之间存在着密切的联系和影响，形成了一个复杂的经济网络。这个网络的效果不仅取决于各个节点的效果,而且取决于各个节点之间的协作和竞争。这样可以促进经济的增长和发展,创造更多的财富和价值。但是,如果经济网络过于复杂和混乱,可能会引发经济的波动和危机,造成更多的损失和风险。

4. 相对封闭原则

相对封闭原则是指一个系统在一定的条件下,可以视为一个相对封闭的整体,忽略系统与外部环境的交互和影响。这个原则的优点是可以简化系统的分析和设计,减少系统的变量和干扰,提高系统的稳定性和可预测性。这个原则的缺点是可能导致系统的孤立和脱节,忽视系统的开放性和适应性,阻碍系统的进步和改进。

相对封闭原则的一个典型的应用是物理系统。在物理学中,为了研究系统的运动和变化,我们常常假设系统是一个相对封闭的系统,忽略系统与外界的作用力和能量交换。这样可以利用牛顿定律、能量守恒等物理定律,对系统的状态和行为进行精确的计算和预测。但是,如果系统与外界的交互和影响不可忽略,我们就需要考虑相对论、量子力学等更高级的物理理论,对系统进行更复杂的分析和处理。

二、高校体育教育人本原理

(一)人本原理的概念

人本原理是一种以人为本的教育理念,强调教育应该尊重人的个性、自主性和发展性,关注人的内在动机和需求,促进人的全面发展。人本原理认为,人是有潜能和价值的,教育的目的是帮助人实现自我,而不是灌输知识或规范行为。

人本原理在高校体育教育中的应用,是指以学生为主体,以学生的身心健康、兴趣爱好、能力水平和个性特征为基础,设计和实施适合学生的体育教学活动,激发学生的体育学习兴趣,培养学生的体育素养和终身体育意识,促进学生的全面发展。高校体育教育人本原理的核心是学生的主体性,即学生在体育教育中的主动参与、自主选择、自我评价和自我完善。

(二)人本原理的意义

1. 有利于提高学生的体育学习效果

人本原理强调以学生的需求和兴趣为导向,提供多样化和个性化的体育教学内容和方法,使学生能够根据自己的需求和兴趣,选择和参与适合自己的体育活动,从而增强学生的体育学习兴趣和积极性,提高学生的体育学习效果。

2.有利于促进学生的身心健康

人本原理注重学生的情感、态度和价值观的培养，关注学生的心理健康和社会适应能力的提高，通过体育教育，帮助学生建立积极的自我认知和自我评价，增强学生的自信心和自尊心，培养学生的合作精神和团队意识，提高学生的抗压能力和应对挑战的能力，从而促进学生的身心健康。

3.有利于培养学生的终身体育意识

人本原理强调学生的自主性和发展性，鼓励学生在体育教育中，根据自己的需要和目标，制订和实施自己的体育学习计划，培养学生的自主学习和自我管理的能力，使学生能够在毕业后，继续参与和享受体育活动，形成终身体育的习惯和意识，从而提高学生的生活质量和幸福感。

（三）人本原理的应用

在管理实践中如何体现以人为本的思想，使人性得到最完善的发展，是人本管理原理所要研究和解决的问题。

1.能级原则

管理学借用"能级"这一物理学概念，用以说明组织和人都具有能级。能级原则是指人的能级应同岗位能级相符，人的能级应同职务能级相应，把不同能级的人安排在相应的岗位上，赋予相应的职务，以实现人尽其才，各得其所。稳定的组织应当是正三角形，表示既有精干的领导核心，又有宽厚的基础，为人才的合理利用提供了环境条件。不同的层次其地位和作用是不同的，因而各层的岗位能级也不相同。各个管理层次的能级不同，这对人才的素质和知识能力结构的要求也就不同。按照能级原则，应当尽可能地使管理人才能级同层次能级相符，做到能级对应。

2.民主参与原则

民主参与原则是指充分尊重和保障人的参与权，让人参与到组织的决策、管理和改进中，使人能够表达自己的意见和建议，同时承担相应的责任和义务。民主参与原则有助于增强人的归属感和责任感，促进人的沟通和协作，提高组织的适应性和创新性。民主参与原则的应用需要建立一个开放、平等和互信的文化氛围，以及一个有效、灵敏和参与的组织结构。

3.动力原则

一个管理系统要有动力才能运转，只有正确地运用动力，才能推动管理系统有效运转，并实现管理目标。管理者不仅要找到动力源，而且要正确地运用动力。人是管理系统中的能动因素，管理系统的动力来自激发人的积极性。

管理系统常用的有三种动力，即物质动力、精神动力和信息动力。物质动力是由物质利益引发的动力，良好的物质生活是人类潜能得以发挥的必要条件。精神动力是指人的理想、道德观念、思想政治水平等社会意识，先进的社会意识使人奋进，勇于开拓，敢于创新。信息动力是指信息传递与反馈对促进发展的作用，对组织活动产生直接的、综合的促进作用。

三、高校体育教育动态原理

（一）动态原理的概念

动态原理是指高校体育教育要根据社会的发展变化，不断调整和改进体育教育的目标、内容、方法和评价，以适应时代的要求和学生的需要。动态原理体现了高校体育教育的开放性、灵活性和创新性，强调了高校体育教育的实践性和针对性，反对了高校体育教育的僵化、固化和教条化。

动态原理的基本内容包括：

①高校体育教育要与社会的发展变化相协调，反映社会的需求和期待，培养学生适应社会的能力和素质。

②高校体育教育要与学生的发展变化相适应，关注学生的身心健康、兴趣爱好、个性特征和发展潜能，促进学生身心的全面发展和终身体育。

③高校体育教育要与科学的发展变化相结合，运用科学的理论和方法，不断更新和完善体育教育的知识体系和教学模式，提高体育教育的效果和质量。

④高校体育教育要与文化的发展变化相融合，尊重和传承体育文化的多样性和特色，弘扬和创新体育文化的精神和价值，丰富和提升体育教育的内涵和魅力。

（二）动态原理的应用

根据动态原理，可引申出随机制宜原则、反馈原则和弹性原则。

1.随机制宜原则

随机制宜原则是指高校体育教育要根据具体的教学环境、教学对象、教学目标和教学资源，灵活选择和运用合适的教学内容、教学方法、教学手段和教学评价，以达到最佳的教学效果。随机制宜原则体现了高校体育教育的个性化、多样化和差异化，注重了高校体育教育的实效性和适宜性，避免了高校体育教育的刻板化、单一化和平均化。

随机制宜原则的具体应用包括：

①根据教学环境的变化，调整教学内容的安排，利用教学场地、设施、器材和气候等条件，组织开展适合的体育活动，如室内、室外、自然环境等。

②根据教学对象的变化，调整教学方法的选择，考虑学生的年龄、性别、身体状况、学习水平、学习风格和学习动机等因素，采用适合的教学方式，如讲授、示范、指导、讨论、合作、竞赛等。

③根据教学目标的变化，调整教学手段的运用，根据教学的重点、难点、疑点和亮点，运用适合的教学辅助工具，如多媒体、网络、实物、图表、案例等。

④根据教学资源的变化，调整教学评价的实施，根据教学的目的、标准、内容和形式，运用适合的教学评价方法，如观察、测试、问卷、访谈、反馈等。

2.反馈原则

反馈原则是指通过灵敏、准确而有力的信息反馈，达到提高管理效能的目的。反馈是控制论中一个极其重要的概念，是指由控制系统把信息送出去，又将其作用结果运回来，并对信息的再输出产生影响，从而起到控制的作用。管理过程的实质就是控制，管理若无反馈，就不能做到正确的调节和有效地控制，更谈不上目标的实现。

应用反馈方法进行控制时，一般会产生两种不同的效果：一是正反馈，指系统的输入对输出的影响增大。系统地输出值与目标值的偏差越来越大，造成系统的运动加剧，导致振荡的反馈。二是负反馈，指系统的输入对输出的影响减小，使系统偏离目标的运动收敛，趋向于稳定状态的反馈。目标管理、模式训练等都属于负反馈，负反馈在体育管理中应用较为普遍。

3.弹性原则

弹性通常是指物体受外力作用变形后，除去作用力时能恢复原来形状的性质，常用于比喻事物的伸缩性。弹性原则在管理上的意义是指管理应具有伸缩性，即富有弹性，以及时适应各种可能的变化。管理应富有弹性，是由管理活动的性质决定的。管理活动纷繁复杂，影响管理的因素很多，而管理所涉及的各种因素又存在着千丝万缕的联系。管理者在处理特定管理问题时，这些因素总是处于相对静止的状态，管理者素质和能力水平再高，也不可能考虑到所有的影响因素以及这些因素之间的相互关系及其变化。因此，弹性原则要求管理者在进行决策和处理管理问题时，除尽可能考虑多种因素之外，还要留有可调节余地，在各种可能情况发生时，能灵活调节，以确保组织的综合平衡。

四、高校体育教育效益原理

(一)效益原理的概念

效益原理是一种以效益为目标、以效益为标准、以效益为动力的思想方法和行为准则,它要求在有限的资源和条件下,最大限度地实现预期的目的和效果。效益原理是一种普遍的原理,它适用于各个领域和层面,包括高校体育教育。效益原理在高校体育教育中的具体表现,就是要求高校体育教育在教学、科研、管理等方面,都要以提高效益为目标,以评价效益为标准,以追求效益为动力,从而实现高校体育教育的优化和发展。

(二)效益原理的应用

1. 效益的评价

效益的评价可以由不同的主体,从多个不同的角度去进行,因此没有一个绝对的标准。不同的评价标准和方法,得出的结论也会不同,甚至相反。有效的管理,要求对效益的评价尽可能公正和客观,因为评价的结果直接影响组织对效益的追求。一般来说,领导评价有一定的权威性、全局性。掌握得较好,其结果对组织的影响力较大,但可能不够细致和具体。群众评价一般比较公正,但可能要花费较多的时间和费用才能获得结果。专家评价一般比较细致,技术性较强,但可能注重直接效益而忽视间接效益。显然,不同的评价都有它自身的优势和不足,应综合运用,以获得客观公正的评价结果。

2. 效益的追求

效益的追求是指在高校体育教育的各个环节和层面,都要以提高效益为导向,采取有效的策略和方法,优化高校体育教育的资源配置、教学模式、课程设置、教学方法、评价方式、管理机制等,从而提高高校体育教育的质量和水平。效益的追求应该是创新、开放、协作的,不能只沿袭传统的思路和模式,也不能只关注自身的利益和需求,而要根据时代的变化和社会的发展,不断探索和尝试新的理念和方法,与其他学科和领域进行交流和合作,形成高校体育教育的特色和优势。

五、高校体育教育责任原理

(一)责任原理的概念

为实现组织目标,挖掘人的潜能,应在合理分工的基础上明确规定各个部门及个人必须完成的工作任务和必须承担的与此相应的责任。遵循责任原理制定的责任制,在运动训练管理中已经得到广泛地应用,如目标责任制、风险金等。

（二）责任原理的应用

1. 明确每个部门和每个人的职责

如运动训练管理，它是一项系统工程，任务重、头绪多、工作杂，必须明确分工。没有分工，工作无法开展；分工不明，工作必然混乱。

分工是确定职责的基础，分工明确，职责划分才可能明确。但是，分工不等于职责。分工只是对工作范围做了形式上的划分，分工对于工作的数量、质量、完成的时间、效益等要求还不能完全地体现出来。职责是在分工的基础上，在数量、质量、时间、效益等方面有严格的行为规范。表达职责的形式主要有各种规程、条件、范围、目标与计划等。

2. 职位设计和权限委托授权要合理

职责、权限、利益三者是相应一致的关系，如一个等边三角形。而职责与能力是边与高的关系。在这里说明一下，通常安排工作时，应考虑其能力略小于职责，使之感到力不从心，有压力可以促使责任人自觉地学习新知识，注意发挥群众智慧，慎重使用权限，努力做好工作，这样安排的工作就富有挑战性。这里所说能力略小于职责与上面的过小是不一样的。

3. 奖惩要分明、公正而及时

奖惩要分明。不能职责完成得好坏一个样，要奖优罚劣，引导每个人的行为朝积极方向发展。奖惩要公正，要做到公正，必须建立明确的考核标准，进行公开的、公正的考核。奖惩要及时，过时的奖惩就会失去其本身的作用与意义。奖惩并不是目的，只是一种管理手段，是一种教育措施，达到奖励先进，促进发展，惩罚落后，减少损失的目的。

六、高校体育教育竞争原理

（一）竞争原理的概念

两方相争，优胜劣汰，这是事物发展的一般规律。自然界是这样，人类社会也是这样。竞争更是体育运动的突出特征，在体育管理中处处有竞争，时时有竞争。有竞争，就有压力，有压力就要奋斗，就要拼搏。实践证明，竞争可以激发工作热情，激发人的进取精神；竞争可以挖掘人的潜能，使其创造性地工作，去克服各式各样的困难；竞争可以促进内部团结，增强团队的凝聚力；竞争可以使组织集体充满生机，充满活力。因此，哪个单位、哪个运动队遵循竞争原理，按竞争规律办事，就能成功，就可取得良好的成效；反之，哪个单位、哪个运动队不按照竞争规律办事，就会毫无斗志，难以成事。

竞争原理就是指个人与个人之间、团体与团体之间，以及国家与国家之间为了各自的目标和利益，相互竞争，以求取胜的理论。

(二) 竞争原理的应用

1. 竞争取胜的基本条件

①树立正确而强烈的竞争观念。竞争的目的明、方向正，态度才能端正。思想上要有敢于竞争、敢于胜利的气势，才有可能取胜。

②要有强大的竞争实力。竞争实力表现为高超的运动水平，优异的运动成绩，出众的管理水平，突出的工作业绩等。

③善于运用竞争机制，创造良好的竞争环境。

④遵守竞争的条件和规则。

2. 贯彻竞争原理应注意的问题

①竞争的标准、条件要一致。

②评价或制裁要公平、公正。

③竞争的目的旨在增进交流、互相提高。

④防止投机取巧等不正之风。

七、高校体育教育协调发展原理

(一) 协调发展原理的概念

可持续发展是当今社会的重要发展趋势，这种概念也渗透到各个领域之中，对于现代教育管理，尤其是高校教育管理，也成为一项重要的教育管理的理论基础。协调发展的原则是坚持可持续发展的关键，对于体育教育工作来说，就是普及与提高、学校体育和竞技体育相互协调发展。协调发展既包含方法与目的相协调，也包含教育内容和相应比例的协调。比如，在高校体育教育管理中，要处理好普及与提高的关系，要协调好个性化发展与整体上符合社会发展需要的关系。总之，在体育教育管理工作中，需要将协调发展原理应用其中。

(二) 协调发展原理的原则

在具体的实践中，还需要将理论高度概括为可以指导高校在体育教育管理中的现实工作，提高运用的可行性。协调发展原理的基本原则如下：

①协调处理普通学校体育教育与竞技体育发展之间的关系。对于普通高校而言，体育教育的根本目的是提高学生的身体素质，培养学生参加体育运动的意识、能力和习惯，而

对竞技体育人才的发掘和培养属于相对次要的位置，但是为了发扬体育精神，可以做一些尝试性的布局。两者之间本来也不是绝对的对立的。学校体育与竞技体育是相互促进、相互渗透、相互依赖、不可分割的关系。这也是高校体育教育管理需要关注的问题。

目前，我国竞技体育发展较好，并且在国际上成绩比较领先的项目，更容易引起学生们的学习热情，而优秀的运动员也会走进校园进行演讲、分享等，做一些运动推广和普及的工作。这对进一步发展我国的竞技体育起到非常积极的推动作用，同时对不断提高学生的运动水平、改善身体健康状况都具有良性的促进作用。

②坚持"两点论"和"重点论"。"两点论"是指高校体育管理要同时兼顾学生的身体素质发展和竞技体育教育两方面，不能抓一个放一个，也不能轻视任何一个，只有将两项同时进行、有机进行、合理协调才会得到更好的教学效果。"重点论"是指高校的体育教育要始终把握好工作的重点，即以发展学生身体素质、培养终身体育的意识、能力和习惯为主，所有的工作都以此为重点。

"两点论"和"重点论"体现了高校体育教育管理的协调观和整体观，是体育教育管理要长期坚守的主要内容，是保证体育教育最终达到带领学生增强体质、促进其全面发展目标的良性循环。

第二节　高校体育教育管理的特点

一、高校体育教育管理的特点

（一）广泛性

体育教育管理的广泛性是指体育教育管理涉及的范围很广，不仅包括学校体育教育，还包括社会体育教育、竞技体育教育、体育健康教育等各个领域；不仅涉及体育教育的内容、方法、手段、形式、环境等各个方面，还涉及体育教育的参与者、管理者、服务者、受益者等各个主体；不仅关系体育教育的效果、质量、水平、发展等各个层面，还关系体育教育的价值、意义、目的、功能等各个维度。因此，体育教育管理需要有全局的视野、开放的思维、协调的能力、创新的精神，以适应体育教育的多样性、复杂性、动态性。

（二）灵活性

体育教育管理的灵活性是指体育教育管理需要根据不同的情况、对象、目标、条件等因素，灵活地选择、运用、调整、改进管理的原则、策略、方法、技术等，以达到最佳的管理效果。体育教育管理不能一成不变、刻板僵化，而要因地制宜、因时应变、因人而异、因事而宜，体现出管理的个性化、差异化、适应性、优化性。体育教育管理需要有敏锐的观察、分析、判断、决策的能力，以及灵活的沟通、协作、协商、解决问题的能力，以应对体育教育的不确定性、变化性、多变性。

（三）整体性

体育教育管理的整体性是指体育教育管理需要把握体育教育的整体性质、规律、目标，以及体育教育与其他教育、社会、文化、经济、政治等方面的整体关系，从整体的角度进行体育教育管理的规划、组织、实施、评估等，以实现体育教育的整体效益、整体优势、整体协调、整体发展。体育教育管理不能孤立地、片面地、局部地看待和处理体育教育的问题，而要从系统的、全面的、战略的、长远的角度，综合考虑、平衡利益、协调关系、促进共赢。体育教育管理需要有系统的思维、整合的能力、协同的机制、共享的理念，以构建体育教育的整体优势、整体效能、整体和谐。

二、高校体育管理的过程与职能

管理是一种活动过程，是一种社会现象，是人类社会生活各种实践领域普遍存在的现象。体育管理是其中的一种特殊管理现象。

（一）体育管理的过程

体育管理过程中诸要素是相互作用、相互影响并处于运动状态的，正是这种运动状态才推动管理工作的进行，使管理过程成为一种动态过程。管理过程中的运动主要表现为人流、物流和信息流三个方面，信息流往往是伴随着人流和物流同步进行的。管理过程的运动是为了达到一定的目标，并按照时间顺序有规律地进行，其规律性主要表现为管理过程的阶段性和程序性。因此，管理的过程就是指管理系统诸要素按照一定的规律和程序，为达到一定的目标而进行的有控制的活动过程。

从体育管理特点出发，可以把体育管理的过程划分为计划、组织、检查和总结四个基本环节。

1. 计划

计划是管理过程中的首要环节，是整个管理过程的依据。没有计划，管理工作就无法进行；计划缺乏科学性、指导性和实践性，也就无法达到管理的目的。因此，制订切实可行的计划，对于保证管理过程的顺利进行，实现管理的目标具有重要的意义。计划是行动的纲领，是实现目标的保证。

制订计划要求做到目标明确，指标可行，全面兼顾，重点突出，分工明确，要求落实，计划内要留有余地。制订计划必须符合方向性、科学性、可行性的要求。制订计划首先要学习、研究制订计划的依据并深入调查研究；其次，分析各种可行方案，草拟计划；再次，审议初稿，修改定稿；最后，布置实施。

2. 组织

计划制订之后，就要认真组织实施。组织实施是管理过程的中心环节。在组织实施过程中主要应做好四项工作。

①组织。主要做好两方面的工作，一是任务的合理分配落实；二是人、财、物等资源的合理配置。

②指导。在实施中管理者要深入第一线，指导工作，帮助解决各种困难和问题。为了达到指导的实效，指导中应该做到指点而不说教，帮助而不代替，引导而不强加，批评而不压制。

③协调。要贯彻实施的全过程，它是减少摩擦和内耗的重要手段。有效的协调，可以使人际关系融洽，人与事之间组合得当，事与事之间进度适应，步伐合拍。

④激励。是调动人的积极性的重要措施。一方面通过激励，增强组织各成员的上进心和责任感；另一方面运用精神和物质的各种奖励手段，激发每个成员的进取心。

3. 检查

检查是对计划预见性的监督和检查，它是总结的前提和依据，也是对责任人的监督和考核。

4. 总结

总结是管理工作的最后环节，它对于积累经验、提高管理水平和工作效率有着积极的意义。

管理过程总是按照计划、组织、检查和总结的程序，围绕着管理系统的目标周而复始地进行，一个周期接一个周期，螺旋上升，循环进行。

（二）体育管理的职能

管理者在管理过程中要发挥的作用就是管理职能，一项职能代表一类活动。体育管理职能是指管理自身所具有的作用或功能，它也被称为管理的功能。管理职能的划分主要取决于社会分工和管理专门化。管理职能与管理过程的某些环节在称谓上基本上是相同的，但实际上，两者并不相同，管理过程是从程序上寻求其规律，管理职能则是从作用和功能上探索其内在联系。首先，管理职能是通过管理过程反映出来的，这就使得两者的环节有所对应。其次，管理职能与管理过程的环节又不是完全的、绝对的对应，有时管理过程的某一环节反映了职能的综合；有时某一管理职能又反映在管理过程的几个环节之中。管理过程是动态的，而这个动态过程反映的各种职能也是错综复杂、彼此交叉、互相包含的。管理职能要有计划、有组织、有控制、有协调、有创新。

1. 计划职能

（1）计划职能的含义和内容

计划职能是管理各职能中的首要职能，管理的其他职能都是从计划职能中引申出来的。它是指通过预测，正确地确立决策的目标，然后对整个目标进行分解，计算并筹划人力、财力和物力，拟定实施步骤、方法并制定相应的策略、政策等。计划职能实际上包括确立目标、进行预测、拟订方案、选优方案、制订计划、确定预算和政策等步骤。

所谓体育计划指体育部门为达到一项具体的工作目标而制订的最经济有效的工作程序与行动方案。计划工作是体育管理工作过程中的第一步，它既是组织管理活动的行动准则、控制过程中的控制标准，也是衡量和考核管理结果的重要依据。因此，计划工作是体育管理工作的常规性和基础性工作。

（2）计划职能的功能与作用

体育计划的作用在于把握体育工作的方针和重点，使体育管理活动成为有序的连续工作过程。这样不仅可以防止工作的盲目性和违规事件的发生，减少或避免错误和浪费，而且可使人、财、物等资源的利用达到最大的功效，使各项任务在规定的期限内完成。因此，计划在科学管理的过程中有着极其重要的功能和作用。

2. 组织职能

组织职能是管理的主要职能之一。组织职能是指保证决策目标的实现和计划的有效执行而进行的管理活动。它包括两方面的含义，一是为了保证目标的实现而进行的组织结构的设计，即组织结构和表现形式；二是组织实施，即把人、财、物、时间、信息等资源进行有效的配置。

体育管理的组织指为了有效地实现体育组织的既定目标，通过建立体育组织机构，确定工作职责、权限，协调相互关系，使体育管理诸要素合理有效地配合，形成一个有机整体的活动过程。它主要包括两个方面的含义：一是体育组织设计，即设计、选择、确定体育组织结构和表现形式，规定组织关系；二是体育组织实施，即把人、财、物、时间、信息等各种资源有效地配合，按组织实体规定的工作顺序和规范，实现体育组织目标的动态过程。

3．协调职能

（1）协调职能的含义

协调职能是指通过施加各种影响，保证管理人员合理运用计划、组织、控制诸多职能，顺利而有效地实现管理目标所进行的管理活动。协调职能主要是指理顺管理关系、职权范围并制定管理规范等。

（2）协调职能的范围

在组织机构运行的过程中出现的各种矛盾和冲突，都在协调的范围之内。这些矛盾和冲突按照与组织的关系，可分为内部和外部两大类：对组织内部的各种矛盾和冲突的协调称之为内部协调；对组织与其他组织、个人的矛盾、冲突的协调称之为外部协调。无论是内部协调还是外部协调，主要都是协调好三个方面的关系。

（3）协调职能的内容

①协调奋斗目标。

②协调工作计划。

③协调职权关系。

④协调政策措施。

⑤协调思想认识。

4．控制职能

（1）控制职能的含义

控制职能是指管理人员为保证实际工作与计划一致而进行的各种管理活动。控制职能对于现代管理来说是十分重要的。它包括事前控制、事中控制和事后控制等形式。控制是体育管理的重要职能之一。人类社会的各方面活动，大到一个国家的社会经济发展，小至一个单位的业务活动和经济收支，都需要进行有效的调节与控制。现代体育管理中的控制活动，要求管理者按照体育工作计划及其标准，衡量计划完成的情况和纠正计划执行过程中的偏差，以确保管理目标的实现。

（2）控制职能的作用

控制职能的作用包括：

①控制是实现组织目标的重要保证。

②控制是实施计划的有力保障。

③控制是改进体育工作、提高工作效率的有效手段。

5．创新职能

体育组织或系统的运行不仅仅是维持，更重要的是创新。创新是指在体育管理过程中，对系统的目标、体制、环境等进行不断的改革，以利于更好地实现系统目标。

体育管理的创新职能包括以下三个方面的含义：

①体育管理创新是一个有目的的活动过程。

②体育管理创新是创造性改革的实践活动。

③体育管理创新是提高系统水平、创造更高的综合效益的根本职能。下面分别论述体育管理创新的内容和过程。

（1）体育管理创新的内容

①目标创新。我国的体育运动应根据经济、社会发展对体育需求的新情况，确立体育发展的新目标。过去，我国体育发展目标的制定，过分依赖计划经济，不能突破各种条条框框，从而大大限制了体育的发展。如今，我国体育事业的发展，在积极争取政府支持的情况下，必须大力依靠社会力量办体育，大力调整与革新，特别是通过发展体育事业，整合各种社会资源，充分发挥体育在人们消费需求和促进经济发展中的作用。

②技术创新。现代体育运动的一个主要特点，是在体育活动过程中广泛运用先进的理论和科学技术。体育管理的技术创新不仅包括体育运动的理论、技术与方法的创新，也包括体育设施、体育器材等方面的创新。在社会体育方面，实行体质监测、运动处方，使人们的体育健身锻炼建立在科学指导的基础上；在竞技体育方面，则是在科学理论指导下，采用科学的训练方法，应用新器材、新设备。

③制度创新。制度是组织运行方式的原则规定。体育管理的制度创新包括体育组织的行政制度、管理制度、宣传教育制度等方面的创新。体育管理制度的创新从根本上说就是管理制度的创新，是从社会经济角度来分析体育组织中各成员间的关系的调整和变革。管理制度又称为管理体制，体育管理制度是体育管理的机构设置、权限划分、运行机制等方面的体系和制度的总称，包括对体育组织的人员、设备、资金等各种要素的取得和使用的规定。体育目标总是反映着某些体育组织和社会集团的利益，因而体育管理体制实质上既是这些体育组织和社会集团在一定领域内权力和利益分配的结果，也是他们在这一领域内各自权力和利益的保证。管理制度的创新在于不断地追求和实现体育领域内权力和利益分配上的平衡。

④组织机构和结构的创新。体育组织系统的正常运转，既要求符合体育组织及其环境

特点的运行制度，又要求具有与之相对应的运行载体，即合理的组织形式。因此，体育管理创新必然要求组织形式的变革与发展。

⑤环境创新。环境创新是指通过体育组织积极的创新活动去改造环境，去引导环境向有利于体育发展的方向变化。例如，通过体育组织的公关活动，广泛宣传，影响政府体育政策，影响社会群众的体育需求；通过体育技术创新，通过提高运动技术水平，以其更高的欣赏性满足人们的精神需要等。

（2）体育管理创新的过程

体育管理创新过程是指从创新构思产生到创新结果实现，直至创新成果的应用等一系列活动及其逻辑关系。体育管理创新过程涉及的内容很多，主要有体育体制改革、组织调整、战略研究、运动技术开发、训练和竞赛活动等。创新不仅包括重大的改革，还包括小的改进和更新。

创新是体育管理学的重要职能之一。它是一个有目的的活动过程，是一项创造性改革的实践活动，是提高系统水平、创造更高的综合效益的根本职能。体育管理创新内容包括目标创新、技术创新、制度创新、组织机构与结构创新、环境创新。体育管理创新具有高成功率、相对性、继承性、发展性等特点。同时，也具有一定的风险。体育管理创新过程包括寻找问题、提出构想、迅速行动、坚持革新等环节。体育管理创新模式主要有内生型、外生型、混合型三种，应重视体育管理创新过程的管理。

三、高校体育教育管理内容的特色

体育教育管理的内容主要包括体育教学过程、课外体育锻炼、课余体育训练与竞赛、体育师资、学生体质与健康、学校体育经费、体育场地设施、体育科研等方面。

（一）体育教学工作的管理

①体育课程的设置要符合学生的年龄特征、身体状况、兴趣爱好和发展需求，要体现多样性、灵活性和开放性，要注重培养学生的基本体育技能、体育知识和体育情感，要与其他学科的教学相互衔接和支持。

②体育教师的培训要注重提高教师的专业素养、教学能力和创新意识，要定期组织教师参加各种形式的培训、交流和研讨，要鼓励教师参与体育教学的改革和创新，要建立教师的成长档案和激励机制。

③体育教学方法的改进要根据学生的特点和需求，采用多种教学手段和形式，如示范、讲解、演练、游戏、竞赛、合作、探究等，要充分调动学生的主动性和积极性，要注重培养学生的自主学习、合作学习和探究学习的能力。

④体育教学评价的制定要以学生的全面发展为目标，要综合考察学生的体育技能、体育知识、体育态度和体育习惯，要采用多种评价方式和工具，如观察、记录、测试、问卷、访谈、自评、互评等，要及时反馈评价结果，要促进学生的自我评价和自我提高。

（二）课外体育活动管理

①课外体育活动的安排要根据学生的需求和喜好，提供多种多样的体育项目和形式，如球类、田径、武术、舞蹈、健身、户外探险等，要兼顾不同年龄、不同性别、不同水平的学生，要尊重学生的选择和参与。

②课外体育活动的组织要有计划、有目的、有指导、有保障，要制定合理的活动计划和目标，要安排专业的指导教师和辅导员，要提供必要的场地、器材和设施，要做好安全防范和应急处理。

③课外体育活动的评价要以学生的体育发展为导向，要关注学生的体育参与度、体育满意度、体育进步度和体育影响度；要采用多元的评价方法和指标，如日志、报告、展示、证书、奖励等；要激发学生的体育自信和体育荣誉。

（三）课余体育训练与竞赛管理

①课余体育训练与竞赛的选拔要以学生的体育潜能和体育兴趣为依据，要采用公平、公正、公开的原则和程序，要结合学生的身体素质、技能水平、心理状态等多方面的因素，要避免片面追求成绩和名次，要尊重学生的意愿和发展。

②课余体育训练与竞赛的实施要以学生的体育成长和体育健康为前提，要制定科学的训练计划和方法，要安排合适的训练时间和强度，要配备专业的教练和医护人员，要注意学生的营养和休息，要防止学生的过度训练和受伤。

③课余体育训练与竞赛的评价要以学生的体育进步和体育价值为核心，要综合考核学生的训练态度、训练效果、竞赛表现、竞赛精神等多个方面；要采用客观、公正、合理的标准和方式；要给予学生适当的表扬、鼓励、奖励和支持；要促进学生的体育自我完善和体育自我超越。

（四）体育教师队伍建设管理

①人员配置要合理充足，体现结构性和平衡性，既有男教师，又有女教师，既有老教师，又有中青年教师，既有专业教师，又有非专业教师，既有全职教师，又有兼职教师，既有教学教师，又有管理教师，等等。

②人员培养要持续有效，体现层次性和多样性，既有基础培训，又有进修培训，既有专业培训，又有综合培训，既有理论培训，又有实践培训，既有集中培训，又有分散培

训，既有校内培训，又有校外培训，等等。

③人员考核要公正合理，体现动态性和激励性，既有定期考核，又有不定期考核，既有自我考核，又有他人考核，既有量化考核，又有质化考核，既有单项考核，又有综合考核，既有奖励考核，又有惩罚考核，等等。

④人员流动要适度有序，体现稳定性和活跃性，既有招聘流入，又有辞退流出，既有晋升流上，又有降级流下，既有调动流动，又有留任不动，既有内部流动，又有外部流动，等等。

（五）体育设施器材管理

①设施建设要科学规划，体现合理性和先进性，既有室内设施，又有室外设施，既有固定设施，又有移动设施，既有单一设施，又有综合设施，既有普通设施，又有特殊设施，等等。

②设施维护要定期检查，体现安全性和可靠性，既有日常维护，又有定期维护，既有自我维护，又有专业维护，既有预防维护，又有修复维护，既有内部维护，又有外部维护等。

③器材采购要合理选择，体现经济性和适用性，既有国产器材，又有进口器材，既有新型器材，又有传统器材，既有标准器材，又非标准器材，既有单一器材，又有套装器材，等等。

④器材使用要规范管理，体现有效性和保护性，既有登记借用，又有归还验收，既有使用指导，又有使用监督，既有使用记录，又有使用评价，既有使用奖励，又有使用惩罚，等等。

（六）体育安全与保健管理

①安全教育要全面普及，体现预防性和教育性，既有安全知识，又有安全技能，既有安全规则，又有安全意识，既有安全责任，又有安全信心，既有安全习惯，又有安全文化，等等。

②安全防范要科学有效，体现主动性和协作性，既有安全检查，又有安全隐患，既有安全措施，又有安全演练，既有安全提示，又有安全警示，既有安全监督，又有安全协调，等等。

③安全处置及时合理，体现应急性和救助性，既有安全报告，又有安全通知，既有安全救护，又有安全转送，既有安全处理，又有安全追责，既有安全总结，又有安全改进，等等。

（七）高校体育科研管理

①体育科研的选题要紧密结合体育教育的实际和发展，要反映体育教育的热点和难点，要具有创新性和前瞻性，要符合学校的发展战略和学科建设的需求，要体现学校的特色和优势。

②体育科研的实施要遵循科学的研究方法和规范，要明确研究目的、研究问题、研究假设、研究设计、研究过程、研究结果和研究结论，要采用有效的数据收集和数据分析的技术，要保证研究的可靠性和有效性。

③体育科研的成果要及时地转化和应用，要形成有价值的学术论文、专著、教材、课件、案例等，要在国内外的学术期刊、会议、研讨会等平台上进行交流和分享，要为体育教育的理论和实践提供参考和借鉴；要为体育教育的改进和提高提供支持和推动。

（八）体育信息管理

体育信息管理是指对体育各种信息的搜集、加工、利用和储存的一系列活动过程。能够反映体育发展状况与趋势的情报、资料是体育信息的主要表现形式，如学生体质测定、业余体育训练的各种资料、数据；体育教师科研情况及科研成果；体育教学档案；有关体育发展状况的各种统计资料、报表；各种体育报刊、期刊等。

体育信息管理应加强对各种信息的收集、汇总、加工、处理、分析、储存与传递，使之形成相互协调、密切结合的运转机制。还应创造条件，逐步推广运用电子计算机，建立"灵敏、准确、及时、适用"的高校体育信息管理系统。在高校体育信息管理中要做好体育管理统计工作，它是获取体育信息的重要来源和渠道。

第三节　高校体育教育管理的内容

一、高校体育概述

（一）高校体育的产生

高校体育的产生有着悠久的历史。在古代，体育活动不仅是一种娱乐和健身的方式，也是一种教育和培养人格、智慧、美德的方法。例如，古希腊的奥林匹克运动会，不仅是一场体育盛会，也是一场文化和宗教的盛会，体现了古希腊人对人、自然、神的崇拜和尊重。古罗马的角斗场，不仅是一场血腥的竞技，也是一场政治和社会的竞技，体现了古罗马人对力量、荣誉、忠诚的追求和敬畏。古印度的摔跤、拳击、棒球等运动，不仅是一种锻炼身体的方法，也是一种修炼灵魂的方法，体现了古印度人对生命、自我、宇宙的探索和领悟。古中国的武术、射箭、棋艺等运动，不仅是一种增强体质的技能，也是一种提升智慧的技能，体现了古中国人对道德、智慧、和谐的追求和实践。

高校体育是高校学生全面发展的组成部分，是培养社会所需人才的重要内容。体育和教育都是人类社会的文化现象，它们随着人类社会的产生而产生，随着人类社会的发展而发展，同时以越来越复杂的形式适应社会发展的需要。体育和教育是紧密相连的。体育作为培养人和教育人的必要手段，历来都是教育的重要组成部分。现代社会生产力的高度发展，特别是新技术革命所带来的社会生产力的新飞跃和社会生活的新变化，对增强社会成员的体质提出了新的要求，促使学校教育在培养全面发展的人才中发挥出更大的作用。体育作为教育的一部分也具有新的特征，出现了新的趋势，如体育教育义务化、体育设施开放化、体育方式多样化、体育手段科学化，等等。体育在教育中的重要作用已为更多的人所认识，体育作为一种理论、知识、方法体系已为更多的人所接受。

（二）高校体育的结构与目标

高校体育的结构可以分为四个层次，分别是基础体育、拓展体育、竞技体育和创新体育。基础体育是指高校体育的基本内容和要求，包括体育课程、体育测试、体育规范等，旨在培养学生的基本体育素养和能力，如身体健康、运动技能、运动习惯等。拓展体育是指高校体育的拓展内容和选择，包括体育训练、体育社团、体育活动等，旨在培养学生的拓展体育素养和能力，如运动兴趣、运动交流、运动创造等。竞技体育是指高校体育的竞赛内容和水平，包括体育比赛、体育队伍、体育荣誉等，旨在培养学生的竞技体育素养和能力，如运动精神、运动水平、运动成就等。创新体育是指高校体育的创新内容和方向，包括体育研究、体育教学、体育服务等，旨在培养学生的创新体育素养和能力，如运动理论、运动方法、运动贡献等。

高校体育的目标可以分为四个方面，分别是个人发展、社会适应、文化传承和科学进步。个人发展是指高校体育对学生个人的影响和作用，包括提高学生的身体素质、心理素质、道德素质等，促进学生的全面发展和自我实现。社会适应是指高校体育对学生社会的影响和作用，包括增强学生的社会责任、社会交往、社会参与等，促进学生的社会融入和社会贡献。文化传承是指高校体育对学生文化的影响和作用，包括弘扬学生的民族文化、国际文化、体育文化等，促进学生的文化认同和文化创新。科学进步是指高校体育对学生科学的影响和作用，包括推动学生的体育科学、教育科学、社会科学等，促进学生的科学探索和科学发展。

（三）高校体育与学生的全面发展

1. 高校体育与学生身体健康

高校体育能够有效地增强学生的体质和免疫力，预防和减少各种疾病的发生。高校生活是学生人生的重要阶段，也是学习和工作压力较大的时期，如果缺乏适当的体育锻炼，容易导致身体机能的下降，甚至引发一些慢性病和心血管疾病。高校体育能够通过有氧运动、力量训练、柔韧性练习等方式，提高学生的心肺功能、肌肉力量、关节灵活性等，使学生的身体更加健康和强壮。

高校体育还能够改善学生的生活习惯和饮食结构，培养学生的健康意识和自我管理能力。高校生活相对自由，学生往往会忽视自己的作息时间和饮食质量，导致身体的营养不均衡和代谢紊乱。高校体育能够通过教育和指导，让学生了解身体所需营养和运动的益处，促使学生养成规律的作息和合理的饮食习惯，从而保持身体健康和营养均衡。

2. 高校体育与学生心理健康

高校体育能够有效地缓解学生的心理压力，提升学生的情绪和自信心。高校生活是学生面临各种挑战和困难的时期，如学业竞争、就业压力、人际关系等，这些都会给学生带来很大的心理负担，甚至导致一些心理问题和情绪障碍。高校体育能够通过运动的方式，释放学生的紧张和焦虑，增加学生的快乐和满足感，同时能够增强学生的自我认知和自我肯定，使学生更加自信和乐观。

高校体育还能够促进学生的心理成长和创新能力，培养学生的思维和品格。高校生活是学生形成自己的价值观和人生观的时期，也是学生开拓视野和创造未来的时期，如果缺乏足够的心理素质和挑战，容易导致学生的思维僵化和个性单一。高校体育能够通过多样化的体育项目和活动，激发学生的兴趣和好奇心，锻炼学生的逻辑和判断能力，同时能够培养学生的勇气和责任感，使学生更加成熟和完善。

3. 高校体育与社会适应能力

高校体育能够有效地增进学生的人际交往，提高学生的沟通和协作能力。高校生活是学生接触社会和人群的时期，也是学生建立人脉和资源的时期，如果缺乏良好的人际关系，容易导致学生的孤独和封闭，甚至影响学生的就业和发展。高校体育能够通过团体运动和竞赛，增加学生的社交机会和友谊，促进学生的相互了解和信任，同时能够锻炼学生的沟通和协作能力，使学生更加合群和团结。

高校体育还能够拓宽学生的社会视野，提高学生的文化和道德素养。高校生活是学生接触不同的文化和价值的时期，也是学生形成自己的社会责任和公民意识的时期，如果缺乏足够的社会认知和参与，容易导致学生的偏见和歧视，甚至违背社会的规范和道德。高校体育能够通过跨文化的体育交流和活动，拓宽学生的社会视野和知识，促进学生的文化理解和尊重，同时能够培养学生的道德和公德，使学生更加文明和守法。

体育运动具有动态性、趣味性、娱乐性、保健性与休闲性，不仅可以通过人的肢体活动，使高度疲劳的神经系统得到休息，还有调节身心平衡，丰富生活内容，提高健康水平的功能。

二、高校体育管理学解读

（一）高校体育管理的概念

1. 高校体育管理的定义

我国学校体育的根本目标是增强学生体质、促进学生身心健康，培养学生的终身体育意识及能力，使其成为德、智、体、美、劳全面发展的社会主义事业建设人才。高校体育既是学校教育的重要组成部分，又是体育管理的重要分支。高校体育目标还可以划分出一定的层次。在高校体育总目标下，围绕总目标，并根据各项体育工作特点与要求，可以分解成下一个层次的目标，如体育教学目标、课外体育锻炼目标、课余运动训练目标、课余运动竞赛目标、学校体育教学目标、科学研究目标等。这些目标依次可以分解成各具体目标。高校体育目标的结构及层次反映出高校体育的目标体系，即不同目标共同配合，以实现高校体育的总目标。而通过对高校体育各项工作的管理，可以逐步实现上述高校体育的不同目标。因此，进行高校体育管理，其重要目标及任务就在于通过各种管理职能合理地整合资源，发挥资源利用的最大价值，以保证各项学校体育目标的实现。

我国高校体育管理的任务包括：明确学校体育工作开展的指导思想和学校体育发展的目标；建立和健全学校体育的各级管理机构，制定一整套管理法规并明确各有关管理机构和人员的职责；科学地制订学校体育管理的各种计划和文件，使之适应学校体育发展的需求；合理地组织管理学校体育各方面、各环节的活动，确保各项活动低耗、高效地顺利实施；协调学校体育各管理部门和学校体育内、外部的各种关系，为学校体育工作的顺利开展提供必要的物质技术基础以及创造良好的育人环境；定期和不定期地对学校体育管理工作进行检查评估，促进体育教学质量的不断提高和学生体质的不断增强。

2. 高校体育管理的原则

高校体育管理的原则主要包括整体性原则、计划性原则、导向性原则和可控性原则。

（1）整体性原则

高校体育管理是学校教育管理的一个组成部分，它要为实现学校管理目标服务，培养学生成为德、智、体全面发展的社会主义建设人才。高校体育管理应该建立在这一目标上，开展各种工作，这样才能真正摆正高校体育管理的位置。既要防止片面夸大体育在学校教育中的作用，又要充分发挥体育在增强体质、培养学生意志品质、形成良好校风、活跃校园文化生活中的作用。还要从整体上协调好学校体育工作的各方面关系，正确处理体育教学、课余体育训练、体育锻炼及运动竞赛之间相互协作、相互制约的关系，要充分发挥它们各自的作用，根据各个时期学校的任务及实际，有所侧重地突出重点，使之能始终围绕完成学校教育目标、学校体育目标开展工作。

（2）计划性原则

高校体育计划是指对学校工作的具体安排及规划。高校体育计划管理要求对高校体育整个系统做出全面的部署，从宏观管理到微观管理，统一计划、统一实施。在宏观上要以学校体育工作条例为准则，提出实施细则，明确完成任务的具体措施。在微观上要明确高校体育各方面的具体任务及责任，根据学校的实际情况及学校整体管理的要求，制订计划全面实施并加以贯彻落实。

（3）导向性原则

高校体育管理的目标在于完成国家赋予的"育人"的重要任务。国家对青少年一代及大学生提出了德、智、体、美、劳全面发展的要求，根据这一目标，学校应结合各个时期的工作重点，制订不同阶段的工作方案。因此，作为子系统的高校体育管理系统必须依据各级政府及有关部门所制订的阶段发展规划，结合每一时期（阶段）本地区高校体育发展水平，制订出相应的措施及办法。

（4）可控性原则

可控性原则就是指在实施目标的过程中，通过不断检查、评估和控制，保证整个系统顺利地开展工作。高校体育管理的控制主要通过检查评估去执行，通过检查评估发现在实施目标过程中哪些工作得到贯彻落实，哪些工作在执行中出现问题，哪些方面需要做出修改或促进。评估结果及意见反馈到决策部门后，要对出现的问题加以修正，使原定目标更能切合实际。例如在体育教学中，教师按预定的方法组织学生练习，在练习过程中，教师通过学生的练习做出初步评价，根据学生掌握情况及时调整或改变教学方法，以便能更好地完成预定的教学目标。

（二）高校体育管理学的意义

高校体育管理学是体育事业持续发展的动力源泉，随着我国改革开放的不断深入，体育事业的不断发展，体育规模和范围的不断扩大，体育内容和管理难度的不断加大，高校体育管理学的重要性已越来越凸显，也正在被越来越多的人所认识，学习高校体育管理学有着非常重要的意义。

①学习高校体育管理学有利于提高工作效率和综合效益，促进体育事业的发展。有的学者认为，管理与科学技术是推动现代社会经济高速发展的两大"车轮"。越来越多的人认识到，成功在管理，失败还是在管理，管理已成为"兴国之道"。当今世界是一个"经营与管理的时代"，决定命运的是管理，管理做好了，各项工作才可以提升上去。

②学习高校体育管理学能加强体育管理人才培养。体育竞争、科技竞争，归根结底是人才的竞争。体育管理人才是整个体育人才队伍中至关重要的、不可缺少的组成部分。一个单位、一个部门的管理者，尤其是领导者的水平、素质高低，往往成为决定整个单位和部门工作成效和发展前途的关键。近年来，我国体育管理人才队伍的建设有了长足进步，整体素质有了较大提高。但是我们也应看到，我国体育管理人才队伍中还存在不少问题，有的思想素质不高、事业心不强，有的未经系统的专业学习、没有专业的体育管理理论、知识等。

③加快和深化体育改革。随着我国改革开放的进一步深化和社会主义市场经济体制的确立，体育事业要有进一步的发展，必须走深化改革的道路，体育事业的根本出路在于改革。随着我国经济体制所发生的根本变化，体育事业的管理体制和运行机制也必须随着经济体制的改革而改变，原有的管理体制和运行机制，基本上是在高度集中的计划经济体制下形成的，不适应社会主义市场经济的要求。

（三）高校体育管理的研究对象与内容

1. 高校体育管理的研究对象

每一门学科都有它特定的研究对象，作为一门独立的学科——高校体育管理学，必然也有它自己的研究对象。管理是人类社会生活各种实践领域普遍存在的现象，管理学界达成的共识是，管理学揭示组织运行的规律，积淀达成组织目标的经验与知识。它以一般组织的管理活动为其研究对象，通过对管理活动的研究，探讨其内在的规律，然后上升为理论，形成一个理论体系。管理学的理论体系，是由一系列反映管理活动内在规律的概念、原理、原则、制度、程序、方法等组成的。这个理论体系来源于实践，又用于指导实践。

2. 高校体育管理的研究内容

高校体育管理研究的内容具有很强的广泛性特点，概括起来有以下四个方面。

（1）研究国内外高校体育管理的历史发展

实践总结、理论研究和知识系统化的一个重要方面，就是探索和发掘有关的历史事件及思想。因为只有了解过去，才能理解现在，知道过去和现在，才能正确指导现实、预见未来。高校体育管理同其他任何一门学科一样，都有其历史发展和知识积累的过程，正是有了这种积淀，才有了今天高校体育管理全球发展的现状，高校体育管理才成为一门科学引导着我们探究高校体育管理的发展。

（2）研究管理与高校体育管理的过程和性质

高校体育管理的性质问题关系到管理的成果"为谁服务"的问题；关系到高校体育管理的工作者对待管理的态度和工作的积极性；关系到党、国家以及体育领导部门所颁布的政策、法令和规定的贯彻和执行问题，是一切高校体育管理工作的出发点和落脚点。因此，我国的高校体育管理的发展既要借鉴先进的国外高校体育管理的发展经验来丰富自己，又要把握好我国开展高校体育管理的目的、性质和任务。

（3）高校体育管理的基本职能

如果说对高校体育管理原理的理解是为高校体育管理工作提供了一个明确的航标的话，高校体育管理方法就是推动航船朝着航标行进的助推器，而高校体育管理的职能就是在管理过程中制订应如何走好每一步的具体步骤。在体育管理职能的应用过程中，我们要正确地决策、精密地计划、合理地组织、精确地控制和卓越地创新。只有这样，高校体育管理工作的水平才会不断提高，一个国家的高校体育管理工作才能达到较高的水准。

（4）体育领域中的各种问题

体育人力资源的开发已是当前高校体育管理工作涉及的重要课题，现代大型运动会，如奥林匹克运动会、世界杯足球赛、F1国际汽车大奖赛等世界大型体育赛事等，都对高校体育管理工作的开展提出了很高的要求，它对人才的要求不仅要求懂得体育专业的领域知识，更需要诸如建筑、环保、交通、通信、项目管理、计算机、外语等领域的知识。作为高校体育管理者，他本身不仅是一名体育工作者，更是一名综合知识丰富的体现者，高校体育管理的应用，必须要研究高校体育管理人才的选拔和任用。体育部门的财务是体育部门开展体育工作的资金和费用的总称。体育资金是保障体育工作顺利进行的重要资源。加强体育部门的财务管理，要研究资金的来源、融资渠道、投资方向、利益分配等方面的问题，只有广开思路、合理投资、正确分配，体育工作的正常开展才有资金上的保证。

三、高校体育管理的基础

根据一般系统的定义，可将体育管理系统做如下定义：体育管理系统是指由管理主体、管理客体、管理手段等要素以一定的结构形式联结构成的为实现体育事业或体育工作目标，不断提高工作效率的有机整体。在这一定义中包括了体育管理系统、管理要素、管理结构和系统功能四个概念，表明了要素与要素、要素与系统、系统与环境三方面的关系。

研究系统与包围系统的环境，环境是最上一级，应先研究环境对系统的影响，然后再进行系统本身的研究，系统的最下级是组成系统的各个部分或要素。按照这样的顺序来分析体育管理系统。

（一）体育管理系统与外部环境间的关系

系统的环境适应性表明，系统是环境中的系统，系统所处的环境是促进、制约和影响系统生存、发展的土壤。

在社会文化系统中，体育管理系统的发展必须和社会的发展保持一致，不能脱离它的上级系统而独立存在。体育管理系统的外部环境是指在一定时空内存在的制约和影响体育管理系统生存和发展的环境，其内容庞大，总的归纳起来可分为经济、文化等社会因素。

1. 经济环境

经济发展水平决定了体育管理系统的基础条件和发展空间。一般来说，经济发展水平越高，体育管理系统的物质基础、人力资源、技术水平、管理水平等方面就越完善，体育管理系统的功能和效率就越高，体育管理系统能够提供的体育产品和服务的种类及质量就越多、越好，体育管理系统能够满足的体育需求就越广泛和多样化。例如，发达国家的体育管理系统通常具有较强的体育竞技能力、体育教育能力、体育科研能力、体育娱乐能力等，能够为社会提供高水平的体育赛事、体育教育、体育科技、体育休闲等体育产品和服务，能够满足不同层次和类型的体育需求。相反，发展中国家的体育管理系统通常受到经济发展水平的限制，体育管理系统的各方面条件和水平较低，体育管理系统的功能和效率较低，体育管理系统能够提供的体育产品和服务的种类和质量较少和较差，体育管理系统能够满足的体育需求较单一和低级。

经济制度决定了体育管理系统的运行机制和运行效果。经济制度是指社会经济活动的基本规则和制度安排，它规定了社会经济活动的主体、目标、方式、范围、分配等方面。经济制度对体育管理系统的影响主要体现在体育管理系统的所有制、管理模式、运行方式、收入来源、支出方向等方面。例如，市场经济制度下的体育管理系统通常以私有制为主，以市场化、商业化、专业化为特征，以效益为导向，以多元化、竞争化、创新化为动力，以满足市场需求为目标，以市场收入为主要来源，以市场支出为主要方向。相反，计划经济制度下的体育管理系统通常以公有制为主，以行政化、统一化、保守化为特征，以政治为导向，以单一化、稳定化、保障化为动力，以满足政府需求为目标，以政府拨款为主要来源，以政府支出为主要方向。

经济政策决定了体育管理系统的发展方向和发展速度。经济政策是指政府为了实现经济目标而采取的一系列的措施和手段，包括财政政策、货币政策、产业政策、贸易政策等。经济政策对体育管理系统的影响主要体现在体育管理系统的发展战略、发展规划、发展重点、发展优惠等方面。例如，政府对体育管理系统的支持力度、投入规模、扶持方式、优惠政策等，会影响体育管理系统的发展潜力、发展动力、发展机遇、发展障碍等。政府对体育管理系统的监督力度、监督范围、监督方式、监督标准等，会影响体育管理系统的发展规范、发展效果、发展问题、发展责任等。

2．文化环境

文化传统决定了体育管理系统的根基和特色。文化传统是指一定的社会群体在长期的历史发展过程中形成的具有鲜明的民族、地域、时代特征的文化遗产和文化精神。文化传统对体育管理系统的影响主要体现在体育管理系统的历史背景、文化内涵、文化形式、文化资源等方面。例如，不同的国家和地区的体育管理系统往往有着不同的文化传统，如我国的体育管理系统有着深厚的中华文化传统，如太极拳、气功、武术等，这些文化传统不仅为体育管理系统提供了丰富的文化内容和文化表现，也为体育管理系统赋予了独特的文化意义和文化魅力。相反，缺乏文化传统的体育管理系统往往缺乏文化底蕴和文化个性，难以形成自己的文化特色和文化优势。

文化价值决定了体育管理系统的目标和导向。文化价值是指一定的社会群体在特定的历史条件下对于人生、社会、自然等方面的认识和评价，以及由此形成的价值取向和价值标准。

文化价值对体育管理系统的影响主要体现在体育管理系统的价值观、价值目标、价值评价、价值实现等方面。例如，不同的国家和地区的体育管理系统往往有着不同的文化价值，如西方的体育管理系统通常强调个人主义、竞争主义、效率主义等价值，体育管理系统的价值观是以个人的利益、权利、自由为核心，体育管理系统的价值目标是以个人的发展、成就、享受为导向，体育管理系统的价值评价是以个人的能力、贡献、表现为标准，体育管理系统的价值实现是以个人的选择、参与、创新为手段。相反，东方的体育管理系统通常强调集体主义、和谐主义、责任主义等价值，体育管理系统的价值观是以集体利益、义务、秩序为核心，体育管理系统的价值目标是以集体的发展、荣誉、幸福为导向，体育管理系统的价值评价是以集体的需要、规范、贡献为标准，体育管理系统的价值实现是以集体的安排、协作、奉献为手段。

文化观念决定了体育管理系统的思维和行为。文化观念是指一定的社会群体对于事物的本质、属性、关系、规律等方面的认知和理解，以及由此形成的思维方式和思维模式。文化观念对体育管理系统的影响主要体现在体育管理系统的思维逻辑、思维范式、思维方法、思维创新等方面。例如，不同的国家和地区的体育管理系统往往有着不同的文化观念，如西方的体育管理系统通常遵循线性、分析、逻辑、实证等思维逻辑，采用科学、理性、客观、批判等思维范式，运用归纳、演绎、假设、验证等思维方法，注重思维的创新、突破、变革、颠覆等。相反，东方的体育管理系统通常遵循循环、综合、直觉、感性等思维逻辑，采用艺术、情感、主观、包容等思维范式，运用类比、启发、灵感、体验等思维方法，注重思维的传承、和谐、平衡、协调等。

文化习俗决定了体育管理系统的形式和内容。文化习俗是指一定的社会群体在长期的生活实践中形成的具有一定的规范性和稳定性的文化行为和文化风俗。文化习俗对体育管理系统的影响主要体现在体育管理系统的组织形式、活动内容、交流方式、礼仪规范等方面。例如，不同的国家和地区的体育管理系统往往有着不同的文化习俗，如西方的体育管理系统通常倾向于个人化、自由化、多样化、开放化等组织形式，喜欢竞技性、刺激性、挑战性、创造性等活动内容，习惯于直接、坦诚、平等、尊重等交流方式，遵守简单、灵活、合理、契约等礼仪规范。相反，东方的体育管理系统通常倾向于集体化、规范化、统一化、封闭化等组织形式，喜欢健身性、和谐性、适应性、传统性等活动内容，习惯于间接、含蓄、等级、礼貌等交流方式，遵守复杂、固定、形式、仪式等礼仪规范。

文化创新决定了体育管理系统的变化和发展。文化创新是指一定的社会群体在面对新的历史条件和社会需求时，对于原有的文化传统和文化价值进行的创造性的改造和发展，以及由此产生的新的文化形态和文化功能。文化创新对体育管理系统的影响主要体现在体育管理系统的变革动力、变革方向、变革内容、变革效果等方面。例如，不同的国家和地区的体育管理系统往往有着不同的文化创新，如西方的体育管理系统通常以科技进步、市场需求、社会变迁、文化冲突等为变革动力，以多元化、国际化、信息化、智能化等为变革方向，以体育产品、体育服务、体育模式、体育理念等为变革内容，以体育效益、体育品质、体育影响、体育责任等为变革效果。相反，东方的体育管理系统通常以文化传承、社会责任、民族认同、文化融合等为变革动力，以本土化、现代化、人文化、生态化等为变革方向，以体育文化、体育教育、体育公益、体育伦理等为变革内容，以体育意义、体育价值、体育贡献、体育幸福等为变革效果。

（二）体育管理组织结构系统

系统由若干要素组成，而这些要素通常是由更小一级的要素组成的若干个子系统。同时，系统本身又是更大系统的子系统。也就是说，任何一个系统都是另一个系统的子系统，任何系统都能分成若干个子系统，这就是系统的层次等级性特征。

系统的等级性特征揭示了自然界和人类社会由简单到复杂，由低级向高级，由无序到有序地自然发展过程。管理系统中的每一层次都处在不同的地位，结构和功能也不同。在复杂的层次等级结构中，高层次的系统虽然支配着低层次系统而居主导地位，但低层次系统也并非完全处于被动地位，保持着自己的相对独立性，对系统的高层次乃至整个系统起着重要的作用。一般来说，同一层次的系统有横向联系，上下层次的系统有纵向联系，各层次各负其责，形成有序的管理层次。因此，对管理组织系统进行层次等级划分能削弱系统规模大和对象复杂性之间的矛盾，使处在不同层次的管理者的能力与管理对象相适应。

当前，我国体育管理系统的组织结构划分是根据我国当前体育管理系统的任务、发展状况、各种内外条件和今后的发展目标确定的。现阶段，我国的体育管理组织系统由政府体育管理系统和非政府体育管理系统两个子系统构成。

（三）体育管理系统的要素及其相互联系

现在我们来看系统的最下级，即组成体育管理系统的各个部分或要素。体育管理系统是由主体、客体和管理手段诸方面的要素构成的。

1. 体育管理系统的要素

①体育管理系统的主体要素是指行使体育管理权利的管理主体，包括管理者和管理机构两个要素。

管理者是指包括负责某一具体系统的领导者和从事具体管理事务的中层和基层管理者，如分管体育的国务院部委的部长，各省市体育局的局长、科长，基层单位中街道（镇）社会发展科的科长等。他们在管理活动中处于主导地位，其素质的优劣和管理水平的高低是影响体育管理功效的关键。

管理机构是指管理活动赖以进行的依托和组织保证，如对体育进行行政管理的国家体育总局，省、自治区、直辖市体育管理机构，以及各类群众性的体育社会团体、学校等都是开展体育管理活动的组织保证。管理机构的设置是否科学、合理、精干，对管理功效有很大的影响。

②体育管理系统的客体要素，也称管理对象或被管理者，是指非行使体育管理权利者，包括人、财、物、时间、信息等五大要素。

③体育管理手段是指将体育管理系统中主体要素和客体要素有机地结合在一起，共同构成体育管理系统的管理手段，包括管理法规、管理信息和管理工具等。其中应注意的是管理信息，它既是管理的客体要素又是现代管理手段和工具，不仅可以大大提高管理的工作效率，也是实现现代管理的一个重要标志。

2. 体育管理系统中各要素的联系

要素是系统的要素，它们相对独立，又相互作用、相互影响、相互制约，共同构成一个整体。因此，有必要研究各要素之间的联系。

①系统中各要素是不可分割的，它们相对独立又有普遍的联系，共同构成体育管理系统。我们必须从整体上去认识和理解不同要素在体育管理系统中的作用和功能。任何孤立地看待体育管理系统的要素都会使人难以把握全局，更不能发挥不同要素的相互协同、整合的作用。比如，在运动训练管理中，有些教练员发现运动员的某一技术环节出了差错，往往孤立地去纠正，头痛医头，脚痛医脚，总是解决不了问题或是整体效果不尽如人意，或是在解决了这个环节的问题，另一个环节又出了问题。根源就在于没有从整体的角度出发，只看到局部，而没有看到其他环节与此问题的联系。

②动态地看待各要素。任何事物都是在运动变化的，管理要素的作用和相互的关系也随着管理运动而不断发生变化，我们要根据实际及时掌握各要素的发展变化征兆和信息，及时调整自己的行为和工作重点。如在运动训练管理中，教练员若能根据某项目的国内外的最新情况，对它们的内容进行科学、客观地分析，判断该项目的发展动向，预测今后一段时期国内外发展的趋势，从而适时地调整运动训练计划，这不但能使训练计划符合该运动项目的发展趋势，且很有可能成为该运动项目发展趋势的先导。

③重视人的因素，人是最活跃的要素，具有主观能动性。体育管理系统中管理者是决策、计划的制订者，被管理者是政策、法规、计划的最终执行者。他们对体育的认识水平、行为方式、相互之间的协调程度、凝聚力以及协作与竞争能力对体育总目标的实现起着决定性的作用。

④使管理系统形成相对封闭的系统。这里所说的封闭是指相对的、系统内部的封闭，对系统外部则呈现开放状态。这种相对封闭的管理系统，不但能保持系统内部与系统外界

不断进行人、财、物、时间、信息等资源的交流，也能在系统内部形成决策、执行、监督和反馈的封闭回路，使管理活动得到有效的控制。

总之，我们要用系统的眼光去看待体育管理系统与环境之间、各子系统之间以及系统内部各要素间相互联系和变动的规律性，综合考察系统和它的各个部分的属性、功能，在动态变化中调节整体和部分的关系，对系统进行全面的规划、设计、组织、控制和管理，研究和选取最佳的系统内部要素的组合，达到体育管理系统的动态平衡和优化目标，使它的存在与发展合乎人的目的需要，合乎社会的发展与政治经济建设相匹配。

四、体育管理的体制建设

（一）体育管理体制的概念

体育管理体制的概念，是一个复杂而又模糊的概念，不同的学者和机构对其有不同的定义和理解。一般来说，体育管理体制可以从以下三个方面来理解：

①体育管理体制是一种社会制度，它是社会对体育管理的总体安排，是社会对体育管理的价值取向、目标设定、规则制定、权力分配、责任划分、协调机制等方面的综合体现，它受到社会的历史、文化、政治、经济、法律等因素的影响和制约，反映了社会的体育观和体育理念。

②体育管理体制是一种组织形式，它是体育管理的实施主体、实施对象、实施内容、实施方式、实施范围等方面的具体表现，它涉及体育管理的各个层次、各个领域、各个环节，也涉及体育管理的内部和外部的关系和互动。

③体育管理体制是一种运行机制，它是体育管理的动力、效率、效果、反馈等方面的保障，它体现了体育管理的功能和作用，也体现了体育管理的优劣和问题，它是体育管理的动态过程，也是体育管理的改革和发展的方向和途径。

（二）体育管理体制的类型

世界各国体育管理体制由于影响因素不同，在历史的发展过程中，形成了不同的体育管理体制类型，按照管理权力的归属，可分为政府管理型和社会管理型。在这两者之间还存在着中间类型，称为中间型或者混合型。

1. 政府管理型

政府管理型体育管理体制是指政府对体育事业的管理和控制力度较强，政府部门或机构是体育事业的主要组织者、协调者、指导者和监督者，体育政策和规划主要由政府制定和实施，体育资源和资金主要由政府提供和分配，体育组织和活动主要受政府的影响和制约的一种体育管理体制。这种体育管理体制的优点是可以保证体育事业的统一性、规范性和效率性，可以有效地实现国家的体育目标和战略，可以充分地利用和调动体育资源和资金，可以有效地解决体育事业中的重大问题和危机。

2. 社会管理型

社会管理型体育管理体制是指政府对体育事业的管理和控制力度较弱，社会力量是体育事业的主要组织者、协调者、指导者和监督者，体育政策和规划主要由社会各界共同制定和实施，体育资源和资金主要由社会各方提供和分配，体育组织和活动主要受社会的影响和制约的一种体育管理体制。这种体育管理体制的优点是可以保证体育事业的多样性、创新性和发展性，可以有效地反映和满足社会的体育需求和利益，可以充分地激发和发挥社会力量的作用和潜力，可以有效地促进体育事业的社会化、市场化和民主化。

3. 混合型

混合型体育管理体制是指政府和社会力量对体育事业的管理和控制力度相对平衡，政府部门或机构和社会组织或机构是体育事业的共同组织者、协调者、指导者和监督者，体育政策和规划主要由政府和社会各界协商制定和实施，体育资源和资金主要由政府和社会各方共同提供和分配，体育组织和活动主要受政府和社会的共同影响和制约的一种体育管理体制。这种体育管理体制的优点是可以兼顾体育事业的统一性、规范性和效率性，以及多样性、创新性和发展性，可以协调国家的体育目标和战略，以及社会的体育需求和利益，可以平衡政府和社会力量的作用和潜力，可以促进体育事业的公平性、开放性和参与性。

五、高校体育教育的本质

（一）高校体育教育在素质教育中的作用

1. 素质教育

21世纪以来，我国人才培养和发展模式发生了重大变化，21世纪对人才素质培养也提出了更高的要求。针对传统教育的弊端，素质教育的提出为现代教育的发展指明了方向。学校教育不仅要抓好智育，更要重视德育，还要加强美育、体育、劳动技术教育和社会实践，使诸方面教育相互渗透、协调发展，促进学生的全面发展和健康成长，并且强调素质教育应该着眼于社会及受教育者发展的需要，以全面提高全体学生的基本素质为根本目的，在要求学生掌握基础知识的同时更注重培养他们的学习态度、自主学习能力、实践能力以及创新能力。

2. 体育教育在素质教育中的作用

（1）全面推行素质教育为体育教育的发展指明了方向

素质教育作为一种提高人的自身素质和社会素质的教育方式，是人从"自然人"转变为"社会人"的有效途径，同时是教育从社会本位向人本位发展的需要。它不仅符合当今教育改革和发展的趋势，同时有助于学生动手、动脑、动口、动心能力的培养。国家明确提出：健康体魄是青少年为祖国和人民服务的前提条件，也是中华民族旺盛生命力的体现。这不仅是在思想上对体育教育的发展进行了明确——以"健康第一"为指导，而且结合时代特征对体育教育的目的、意义也做了科学的界定。同时提出，体育教育内容不仅要体现对体育文化的传承，还应注重体育教育与学生实际情况之间的联系，使学生能学以致用，对学生各项能力的综合提高产生长期效应。此外，进一步明晰了体育教育在现代社会中的价值，并切实对学生参与体育锻炼、学习体育知识的权利提供了保障，这不仅符合素质教育方针和政策的要求，也能全面促进和推动体育教育的改革和发展。

（2）体育教育的实施有利于素质教育目标的顺利实现

素质一般泛指个体在先天和后天的共同作用下形成的身心的总体水平和特征，其中包括身体素质、文化素质、心理素质、品德素质等。素质教育最终要使学生在这些方面获得全面的提高和发展，为他们学会学习、学会做人、学会生活、学会生存奠定基础，体育教育则能为这个目标的实现发挥独特的作用。

①体育教育能有效提高学生的身体素质。体育教育通过进行科学的身体练习，对处于生长发育期青少年的体质有着积极的改善和促进作用。它不仅表现在能使学生形成正确的身体姿势和良好身体形态，还能使机体各器官功能获得不断的完善和提高，对学生的全面健康有着极其重要的作用，这也是体育教育的本质功能。

②体育教育能改善学生心理素质，磨炼意志。对动作技术学习和掌握的过程实际上也是经历无数失败的过程，在这其中学生的抗挫折能力、吃苦耐劳精神、坚韧的意志、面对困难的勇气和信心都能得到较好的培养，促进了学生独立能力和良好个性的形成。

③体育教育能促进学生知识体系的构建。与农业经济时代和工业经济时代不同，当今社会以知识为创造财富的来源和条件，这就鞭策每位社会成员都必须具有一定的能满足社会发展需要的，有利于综合素质提高的知识和能力。但这并不意味着大脑里储存越多的知识就能在社会生存、获得一切，健康的身体才是进行所有社会活动的先决条件。人只有拥有了健康，才能创造更多的财富，才能在社会竞争中最大限度地体现个人价值，实现人生目标。所以，在每个人的知识体系中，除了各自专业领域的学科知识外，不能缺少的就是自主进行体育锻炼和健身活动的相关理论，它能为人们更好地发展自己提供必要的保障和

支持。

④体育教育是良好思想品德形成的重要途径。在现代社会中，人们的道德观念不断更新，接受品德教育的途径和范围也逐步扩大，但同时容易受一些不良现象的侵蚀。由于体育运动的内容和形式丰富多样，且有一定的规则作为行为约束，有利于学生形成良好的体育道德规范和价值观，并能在参与过程中充分体会和执行平等、尊重、互助、团结和信任，使学生思想品德的发展获得积极的引导和促进。

⑤体育教育推动了个体社会化进程。个体社会化是一个人在学习社会生存中必要的生活技能、行为规范、价值体系，以及获取社会适应能力的过程。在这个长期而缓慢的过程中，体育教育能起到非常重要的作用。无论是体育教学活动、体育游戏，还是体育竞赛等活动，虽然拥有各自的组织形式、特征、规范和目的，但参与者之间仍然存在着紧密地联系和相互作用，如合作、探讨、竞争、对抗、执行等。另外，在特设的情境下，各自原有的角色也可能发生改变，这些都使学生能充分地体验到服从、平等、竞争、成功、失败、控制等含义及价值，逐渐凸显其个性，并不断提高社会适应能力。

（二）高校体育教育与学校教育的关系

1. 体育教育与学校教育中的其他技能教育

如今我国各级各类学校教育的目标体系中都要求将学生最终培养成德、智、体、美、劳全面发展的社会主义建设者与接班人，这就是学校教育应该达到的"五育"。这其中的"体"最简单、直观的含义就是对身体的锻炼和发展。而在学校中，学生身体的健康发展除了其自然生长发育外，还要依靠学校教育体系中的体育教育作为积极的促进和改造手段。也就是说，体育教育能为学生良好体质的形成以及身心健康的发展提供保证，这就是体育教育本质功能的体现，也是学生获得"五育"全面发展的有效途径。在学校教育体系当中，学生所接受的教育内容分为德、智、体、美、劳五个方面，这五者共同构成了学生的完整认知活动和内容结构，缺了其中任何一个要素都将会对学生的发展造成一定的消极影响。因此，在学校教育整体上"五育"的地位是平等的，不可因为其中某一项的发展而忽略其他教育的开展，只有德育、智育、体育、美育、劳育共同发展，才能促成学生的全面进步。

2. 体育教育中的"五育"

体育教育作为一种改造和培养人的活动，不仅是学校教育"五育"的重要成分，而且由于该教育活动所具有的特殊性，其自身也有"五育"，即智育、体质教育、体育道德教育、运动美学教育和社会适应教育。

①在体育教育中由于要向学生传授大量的运动基础知识和技术技能，因而学生在学习过程中必须发挥其对知识的理解与分析能力，否则对运动技术的学习将会只停留在表面的机械模仿，不能充分体会和理解动作技术的原理和效用，对学生后续动作技术的学习不能形成有利的技术迁移和辐射作用，不利于对相关复杂技术的掌握。通过运动技术的学习也可对学生的这些智力表现有积极主动地培养和促进作用，这些都是在体育教育和学习过程中智育的具体表现。

②通过体育教育学生能从中获得德育的良好培养和发展。体育活动除了一部分是个人的自主行为以外，还有一部分属于集体活动，在这方面可以培养学生正确的集体观念和良好的集体主义精神，如尊重、团结、信任等。

③体育教育能够促进学生审美观念和能力的形成，这体现了体育教育中的美育含义。体育教育除了促使学生学会并运用运动技能技术外，还要求学生在学习动作技术过程中形成一定的审美能力和正确的运动审美观念。

④体育教育自身所具有的"体育"含义比学校教育"五育"中的"体育"概念相对狭窄，主要是指学生体质的增强与运动能力的提高。在小学阶段，学生正处在生长发育期，他们生理和心理的特殊性，要求体育教育的性质主要表现为积极的活动性课程，这能帮助和促进学生的正常成长，形成良好的身体姿势和正确的基本运动能力，为其体质的良好发展打下基础。

⑤学生在运动过程中必须遵守每项运动自身所具有的规则与要求，但是可以在规则的约束下自由地发挥，并进行创新，因而体育教育可以教会学生形成良好的运动行为，拥有优良的纪律性和自我约束能力。学生接受难度逐渐变大的技术教育过程实际上也是不断克服自身限制和运动困难，逐步提升自我不懈努力和奋斗意志的过程，也是形成对失败正确认识的过程。

六、高校体育教育的形式

（一）高校体育教育形式的发展

所谓形式，是人们认识和改造客观世界所采用的方式和手段的总称，它具有明确的目的指向性和实效性。因此，体育教育形式是人们为实现体育教育目标而采用的一切手段、途径和方式的总和。从广义上来看，体育教育形式涵盖了人们为实现体育教育目标的一切体育教育活动所使用和创造的条件、措施、方式和手段等。

1. 高校体育教育形式的产生过程

体育教育是随着人类社会的产生、发展而产生和发展起来的。高校体育教学形式是人们在长期的体育教育规律认识的基础上不断地总结和归纳出来的，虽然高校体育教学形式随着时代的变迁会不断得到改善，但那些前人留下的教学经验和教学成果始终影响着当今高校体育教学形式的发展。其实，人们的一些日常活动方法就暗藏着一些高校体育教学形式的含义和作用。例如，外出踏青、爬山中会有类似速度、耐力和力量素质的练习方法；武术的演练中存在着类似武术教育的方法；在杂技和技巧训练中能表现出来类似体操的灵敏、柔韧素质的教育方法；在涉水的活动中存在着水上运动教育的方法。直到近代建立体育教育制度后，高校体育教学形式才逐渐作为一种独立的教学研究对象逐渐被广大体育教育工作者所重视。由于受各种时代特征及社会发展需要的影响，体育教育内容在各种社会形态和历史背景下有明显的差异，这也成为高校体育教学形式发生实质性变迁的主要因素之一。

2. 高校体育教学形式的构成

（1）高校体育教学形式的目标

任何一种高校体育教学形式都试图对教师的教和学生的学产生最大的效果，它的产生和使用都有明确的目标或任务，它为一定的目标服务，否则就不能称为真正意义上的方法。如为了展示动作技术的各个环节、方向、路线和步骤等，一般会采用示范和演示等方法。

（2）高校体育教学形式的沟通介质

高校体育教学形式的实施是为了学生能更好、更快地掌握各种体育知识，教师是各种高校体育教学形式的管理者和执行者，它的效果最终是通过学生体现的。因此，高校体育教学形式也是教师与学生发生关系的介质。人与人之间的交流主要是用口头语言进行的，体育教育过程也如此。但高校体育教学形式除了直接使用话语外，还有大量肢体语言的运用。

（3）高校体育教学形式的身体动作

体育教育是靠身体练习实现其目标的，所以高校体育教学形式也需要大量的身体运动，作为其主旨的体现和效果的表现形式，这也是它的最显著特征。

（4）高校体育教学形式的环境因素

任何一项运动技术的教与学都需要一定的环境支持，包括场地、器材、季节、气候等，离开了这些条件的保障该项运动的技术动作就可能被改变。

3. 高校体育教学形式的特征和要求

（1）以身体运动为基本特征

学生直接从事各种身体锻炼来进行体育学习是体育教育的主要特点，身体运动不仅是一种身心结合体现的过程，也是体育教育特有的手段和方式。体育教育过程是一种运动性认知过程，是通过身体练习将肢体运动与思维活动有机结合，掌握体育知识、技术，培养运动能力，形成正确的体育锻炼态度、情感、价值观，这也是高校体育教学形式与其他教育活动所采用的实施措施最本质的区别。

（2）效果的综合性

学生在从事各种身体练习时需要具有一定的体能水平，从外表上看这仅仅是一种肢体活动，实际上学生进行身体练习的过程是情感、思维、意志等活动的综合体现，在这个过程中不仅有对完成运动技术寻找方法和途径的行为，也会有相互之间的知识探讨和情感交流，这期间也使参与者获得思想道德、品质、审美能力的提升。所以，高校体育教学形式的实施也是体力与智力、情感、品德活动相结合、相统一的结果。

（3）具有一定的运动负荷要求

各种形式的体育教育都会对参与者形成一定的运动负荷，但是也只有经过适当负荷刺激的锻炼，学生的体质和健康状况才能有所改善。学生在进行各种身体锻炼的过程中，身体机体，尤其是运动系统、呼吸系统、神经系统、心血管系统等积极参与运动，身体承受着一定生理和心理负荷。运动刺激的大小不仅影响学生掌握体育知识技能的效果，而且对于学生的健康也具有非常重要的作用。

（二）高校体育教学形式体系的主体——体育教育方法

学校中体育教育的方法是高校体育教学形式体系的主体，它对学生的锻炼意识和行为的培养起着关键作用，它能为学生思想品德和品质的发展，树立正确的三观，也能够为正确运动技术和锻炼知识的获得提供实施保障。

1．讲解法

讲解法是教师通过口头语言为学生讲授体育知识和运动技术原理、方法的一种方法，是体育教育过程中最重要、使用最多的教授方法。它要求教师在较短的时间内用清晰、准确、简明、生动的语言向学生解释、描绘、陈述与教学内容有关的知识，并做到突出重点。教师应科学组织讲授内容，注意其逻辑性、连贯性和完整性，将学科知识与品德教育内容相结合。用通俗易懂的语言激发学生的学习热情，引导和启发他们进行积极的探究和学习，为进一步的体育学习奠定基础。但是，在讲解过程中应注意讲解的时机、时间和深度，并适当结合板书、挂图等形式进行综合讲授。

2．问答法

该方法采用教师与学生之间相互提问与回答的方式进行，其实施可以与讲解法同步，也可在学生练习或教师示范过程中使用,其形式和使用时机比较灵活。比如,即问即答、课前提问练习后再答、讨论问答、课前提问课后回答、作业式问答等。但是,在实施时要注意设问和解答的技巧,问题的难度必须符合学生的认知水平,使大部分学生通过一定的思考、练习、讨论等探析活动后能得到正确答案。这种方法不仅能转移和调动学生的注意力,启发学生对体育知识的学习,还能培养其思考能力,开发创新能力,强化对知识的记忆和理解,提高学习效率。

3. 动作示范法

动作示范法是根据教学目的和特殊的需要,教师或学生以自身完成的动作为范例,用以引导、解释或纠正学生学习的方法,它是体育教育中最常用的一种直观教学方法。将运动技术通过各种示范面的展示,包括正面、背面、侧面和镜面,对学生形成正确的动作表象、掌握和体会运动顺序及技术要领和技术特征等方面起到独特的作用。在进行示范的过程中,要根据动作技术的特征和学生的认知能力,准确、合理地安排和选择示范的速度、示范的位置和示范面,降低外界环境对学生观察示范动作的视线干扰,最大限度地保证全体学生都能看得清楚,并积极结合讲解、问答、讨论等方法,使学生能更牢固地认识和掌握动作要领及技术关键。

4. 演示法

在体育教学中通过各种实物、挂图、黑板等教具的展示,使学生对运动技术的认识更加清晰,对动作技术结构、难点和关键环节、细节的把握更加准确。它能把比较抽象的概念、知识生动化、直观化,对动作技术的定型及知识记忆有重要的作用。随着现代技术的发展,诸如影像资料、视频、网络、多媒体等工具都逐渐应用于体育教学中,以便能更形象地展示各种体育知识和动作技术。

5. 纠正动作错误与帮助法

在各种运动技术的学习过程中,每个学生都会出现许多的错误或问题,同时伴随各种性质和类型的危险,这也是体育学习所固有的,不可避免。这就需要体育教师及时、准确地发现其错误以及在学习过程中存在的各种安全隐患,并给予有效地帮助和正确的处理,逐步提高他们的动作技术和技能水平。该方法能让学生在不断地练习中获得正确的指导,不仅是掌握运动技术的需要,也是避免运动损伤的积极手段之一。

6. 运动竞赛法

运动竞赛法是借助比赛的形式,使学生在身体、知识、技能、智力、心理和技术等方面获得提升的一种娱乐性方法,它具有明显的竞争性和竞技性,并以获得比赛胜利为终极目标。该方法能使学生充分体会到比赛的刺激和竞争性,较好地调动学生学习的参与性,并在比赛过程中形成良好的意志品德、荣誉感和自信心。由于比赛的不确定性,使得学生在参与的过程中能发挥和展示自己的综合能力,有助于其个性的完善和发展。

第四节　高校体育教育管理的方法

一、体育管理方法概述

管理是为了达到某一项预期目的而有意识、有组织地进行的活动,也可以说是使系统的功效不断地获得提高而从事的一系列活动。管理从实质上看,就是管理主体作用于管理对象的过程,这种作用的发挥即执行管理职能的行为,必然要借助于具体的实施方式、手段、措施和途径等,即管理方法。因此,所谓管理方法是指管理者执行管理职能所采取的具体方式、手段、措施和途径。

管理方法是否能有效发挥其作用,取决于其内容、目的性和组织形式。当管理方法体现客观规律的要求时,这种方法才能奏效。否则,必将导致管理活动的无效和失败。要达到管理目的,仅仅使管理方法符合客观规律要求还不够,还要研究如何把这些要求转化为能影响被管理系统的有利作用,这就是管理方法的目的性。

管理方法是要通过执行系统来实现的,它必须具有某种组织形式。所谓管理方法的组织形式,实质上是研究管理方法执行系统的各项特征,以了解其如何对系统施加作用。

内容、目的性和组织形式等三方面因素错综复杂的组合,形成了千差万别的具体管理方法。但是,这些不同的管理方法又都有着一定的内在联系,是一个有机的管理方法体系。

(一)管理方法的分类

对管理方法的分类,可以从管理信息沟通的特点和决策者的管理方式两个方面来进行。

1. 按管理信息沟通的特点分类

从信息交流的角度看,管理是联系社会系统各子系统,使之构成高效能、大系统的桥梁和纽带。管理者通过信息沟通来指挥人、财、物力，形成能发挥特定功能的有机系统。合理的信息沟通能产生正功效，达到管理的目的。反之，则导致管理的失败。影响管理信息沟通的因素主要有权威性、利益性和真理性，相应形成三种类型的信息沟通：权威性信息沟通、利益性信息沟通和真理性信息沟通。

（1）权威性沟通

信息对接收人具有强制性的约束力，接收人对信息的内容只能接受。这种沟通易于形成统一行动。行政领导的方法和法律规范的方法都属于这种权威性沟通的管理方法。

①行政领导的方法。这是利用一套严格的组织机构，通过行政命令直接对管理对象来产生影响的方法。行政命令的执行具有强制力，管理的主动方与被动方是上下级关系，下级服从上级是行政领导方法的基本原则。

②法律规范的方法。法律规范的方法就是由国家制定统一的、相对稳定的行动规范，人人必须遵守。在社会主义条件下，法律反映的是全体人民的利益。"法律面前人人平等"是利用法律进行管理的基本原则。

（2）利益性沟通

这是指使信息接收人能够得到某种利益或报酬，从而自觉地按信息发送人的意志行动。经济手段的方法和信息咨询的方法都是根据共同利益原则达成沟通的。

①经济手段的方法。即利用经济杠杆进行管理。被管理对象的行为和他的经济利益密切相关。通常利用经济立法和劳动报酬制度把这种关系固定下来。付出劳动的量与获得的报酬是否一致、是否合理，决定着这种管理的效率。

②信息咨询的方法。这是管理者根据管理工作的需要向信息咨询机构或人员提出问题，寻求答案。信息沟通的程度视解答方案对管理者是否有用而定。

（3）真理性信息沟通

这是指通过信息的内容对接收人进行激发鼓励，使其能按接收人的意志行动。思想宣传的方法和科学教育的方法属于这种管理方法。

2. 按决策者的管理方式分类

不同的管理者，由于其管理观点、领导方式、决策风格不同，必须采取各不相同的管理方法。决策者在管理中所运用的方式可以作为区分管理方法的根据。一般来说，按照这一标志，可以分成专制的、民主的和民主集中制的管理方法。

（1）专制的方法

以个别人或个别集团的利益为出发点，强迫管理对象按这些人或这些集团的意志行动。

（2）民主的方法

每个人都可以发表意见，按大多数人的决定办事。

（3）民主集中制的方法

在广泛征求群众意见的基础上，领导者对当前利益和长远利益、局部利益和整体利益做出决定，重大事件由领导集团集体决定。这种决策体现了大多数人的意愿，同时反映了领导者的意志。民主集中制的方法做出的决策能为大多数人所接受，又便于整个组织统一行动。这是一种比较完善的管理方法。

（二）体育管理方法

体育管理方法是指在体育管理活动中，为实现体育管理的目标所采取的各种手段和措施。体育管理方法与体育管理原理是相互联系、相互作用的。体育管理原理必须通过管理方法才能在管理实践中发挥作用。管理方法是管理原理的自然延伸，是管理原理指导管理活动的中介和桥梁，是实现管理目标的途径和手段。在吸收多学科知识的基础上，管理方法已逐渐形成了相对独立的内容体系。

体育管理的基本方法主要有：行政方法、法律方法、经济方法和宣传教育方法。科学的管理既需要强制的、规范的行政方法和法律方法来支撑，也需要灵活、合理的经济方法来维持，同时需要宣传教育方法来引导和疏通，这些管理方法都属于定性的管理方法，其运用的效果主要取决于管理者的技巧与艺术。

在社会体育管理中，经常会用到以上各种方法。它们相辅相成，互为补充，共同组成体育管理方法的结构体系。因此，在运用的过程中，应当根据体育特点，综合运用，以使我国的社会体育健康有序地发展。

二、体育管理的基本方法

（一）行政方法

行政方法是指体育管理者通过制定和执行体育政策、规划、计划、标准、规范等，对体育活动进行指导、协调、监督和调控的方法。行政方法的特点是具有强制性、权威性和普遍性，能够有效地保证体育活动的有序进行和体育目标的顺利实现。行政方法的主要内容包括：

①制定和实施体育法规、政策和规划，明确体育的发展方向、目标和任务，规范体育的组织形式、运行机制和管理模式。

②建立和完善体育管理体制和机构，明确体育管理者的职责和权限，建立体育管理的沟通协作和信息反馈机制。

③制定和执行体育计划、项目和预算，合理分配体育资源，优化体育结构，提高体育效益。

④制定和执行体育标准、规范和评价体系，统一体育的技术要求、质量控制和服务水平，监督和评价体育的运行情况和成果。

（二）法律方法

法律方法是指体育管理者通过制定和执行体育法律、法规、规章等，对体育活动进行约束、保护、调整和裁决的方法。法律方法的特点是具有合法性、公正性和公开性，能够有效地维护体育的秩序和利益，解决体育活动中的纠纷问题。法律方法的主要内容包括：

①制定和实施体育基本法，明确体育的性质、地位、目的和原则，保障体育的基本权利和义务，规定体育的基本制度和规则。

②制定和实施体育专门法，针对体育的不同领域和层次，制定相应的法律规范，如体育竞赛法、体育教育法、体育场馆法、体育卫生法等。

③制定和实施体育行政法，规范体育管理者的行政行为，如体育许可、体育检查、体育处罚、体育复议等。

④制定和实施体育民事法，调整体育活动中的民事关系，如体育合同、体育侵权、体育仲裁等。

（三）经济方法

经济方法是指体育管理者通过运用经济学的理论和方法，对体育活动进行激励、约束、优化和平衡的方法。经济方法的特点是具有灵活性、激励性和效率性，能够有效地促进体育的发展和创新，提高体育的竞争力和影响力。经济方法的主要内容包括：

①建立和完善体育市场体系，促进体育的供给和需求的有效对接，扩大体育的消费和投资，增加体育的产出和收入。

②建立和完善体育财政体系，合理确定体育的财政收入和支出，制定和执行体育的财政政策和预算，监督和审计体育的财务状况。

③建立和完善体育税收体系，合理确定体育的税收种类和税率，制定和执行体育的税收政策和征收管理，鼓励和支持体育的发展。

④建立和完善体育价格体系，合理确定体育的价格水平和机制，制定和执行体育的价

格政策和监管措施,反映和调节体育的价值。

(四)宣传教育方法

宣传教育方法是指体育管理者通过运用宣传、教育、培训、咨询等手段,对体育活动进行引导、教育、培养和服务的方法。宣传教育方法的特点是具有普及性、教育性和服务性,能够有效地提高体育的知名度和认同度,增强体育的参与度和满意度。宣传教育方法的主要内容包括:

①开展体育宣传活动,利用各种媒体和形式,传播体育的理念、政策、成就和价值,提高体育的社会影响和公众关注。

②开展体育教育活动,利用各种途径和方式,普及体育的知识、技能和规则,培养体育的兴趣、习惯和素养。

③开展体育培训活动,利用各种机构和资源,提高体育的人才、队伍和管理水平,增强体育的创新、竞争和协作能力。

④开展体育咨询活动,利用各种专家和信息,提供体育的指导、建议和解决方案,满足体育的需求、问题和困难。

综合运用各种宣传手段,促使管理对象自觉地根据管理的整体目标来调节自己的行为。宣传教育工作是通过语言、文字、形象等,利用信息动力来启发被管理者的觉悟,调动其积极性,来为管理决策的顺利实施创造良好条件的。因此,开展宣传教育工作,应该充分利用各种宣传工具,努力创造良好的舆论环境。积极开展评比竞赛活动,激发人们积极向上的心理和行为。并善于运用榜样的力量,为人们提供前进的动力和方向,使宣传教育工作产生综合、连锁的反应,不断提高管理效果。

(五)体育管理方法的综合运用

1. 体育管理方法是一个统一的完整体系

体育管理方法运用科学的理论和技术,对人、物、财、信息等资源进行有效的组织、协调、控制和评价。体育管理方法是体育管理的核心和灵魂,是体育管理的实践和应用。

体育管理方法是一个统一的完整体系,它包括以下三个方面。

(1)体育管理的基本原则

体育管理的基本原则是指在体育管理中应遵循的一般性的规律和规范,如目标导向、系统性、参与性、效率性、创新性、人本性等。体育管理的基本原则是体育管理方法的指导思想和价值取向,是体育管理方法的理论基础和依据。

（2）体育管理的基本过程

体育管理的基本过程是指在体育管理中实施的一系列有序的活动和步骤，如计划、组织、领导、控制、评价等。体育管理的基本过程是体育管理方法的操作框架和流程，是体育管理方法的实施内容和方式。

（3）体育管理的基本技能

体育管理的基本技能是指在体育管理中所需的一些专业的知识和能力，如沟通、决策、协调、激励、创新、解决问题等。体育管理的基本技能是体育管理方法的工具和手段，是体育管理方法的实现条件和保障。

2. 各种体育管理方法的互补与组合

体育管理方法是一个统一的完整体系，但并不是一个固定的死板的体系。在不同的体育组织和活动中，根据不同的目标和任务、不同的环境和条件、不同的人员和资源，需要灵活地运用各种体育管理方法，以达到最佳的管理效果。各种体育管理方法之间并不是孤立的，而是相互联系、相互影响、相互作用的。

（1）体育管理方法的互补性

各种体育管理方法有各自的优势和局限，没有一种体育管理方法是万能的，也没有一种体育管理方法是无用的。在运用体育管理方法时，应根据实际情况，综合考虑各种体育管理方法的特点和适用性，选择和运用能够互相补充、互相弥补的体育管理方法，以提高体育管理的效率和质量。

（2）体育管理方法的组合性

各种体育管理方法有各自的逻辑和规律，但不同的体育管理方法之间有一定的联系和关联。在运用体育管理方法时，应根据实际情况，合理安排各种体育管理方法的顺序和步骤，选择和运用能够互相配合、互相促进的体育管理方法，以增强体育管理的连贯性和协调性。

（3）体育管理方法的创新性

各种体育管理方法有各自的发展和变化，随着体育组织和活动的不断发展和变化，体育管理方法也需要不断地更新和改进。在运用体育管理方法时，应根据实际情况，敏锐捕捉各种体育管理方法的新趋势和新需求，选择和运用能够适应变化、引领变化的体育管理方法，以增加体育管理的灵活性和创新性。

3. 追求各种管理方法的综合效应

体育管理的综合效应是指在体育管理中，通过运用各种体育管理方法，实现体育组织和活动的多方面的目标和任务，提高体育组织和活动的多方面的质量和水平，满足体育组织和活动的多方面的需求和期望，产生体育组织和活动的多方面的价值和意义。

（1）体育管理的经济效应

体育管理的经济效应是指在体育管理中，通过运用各种体育管理方法，实现体育组织和活动的经济目标和任务，提高体育组织和活动的经济效益和效率，满足体育组织和活动的经济需求和期望，产生体育组织和活动的经济价值和意义。体育管理的经济效应主要体现在以下几个方面：增加体育组织和活动的收入和利润，降低体育组织和活动的成本和风险，优化体育组织和活动的资源和结构，促进体育组织和活动的发展和创新。

（2）体育管理的社会效应

体育管理的社会效应是指在体育管理中，通过运用各种体育管理方法，实现体育组织和活动的社会目标和任务，提高体育组织和活动的社会效益和影响，满足体育组织和活动的社会需求和期望，产生体育组织和活动的社会价值和意义。体育管理的社会效应主要体现在以下几个方面：增强体育组织和活动的社会责任和公信力，提升体育组织和活动的社会形象和声誉，扩大体育组织和活动的社会服务和贡献，促进体育组织和活动的社会交流和合作。

（3）体育管理的人文效应

体育管理的人文效应是指在体育体育管理的人文效应。体育管理的人文效应是指在体育管理中，通过运用各种体育管理方法，实现体育组织和活动的人文目标和任务，提高体育组织和活动的人文效益和品质，满足体育组织和活动的人文需求和期望，产生体育组织和活动的人文价值和意义。体育管理的人文效应主要体现在以下几个方面：增进体育组织和活动的人文关怀和尊重，培养体育组织和活动的人文氛围和文化，丰富体育组织和活动的人文内涵和特色，促进体育组织和活动的人文发展和建设。

三、高校体育教育管理模式的构建

（一）高校体育智能化管理模式的构建

智能化是当今社会进步的一大特征，也是高校体育教育的一大趋势。高校体育智能化管理模式是指利用信息技术和人工智能等手段，对高校体育教育的各个环节进行智能化的规划、组织、实施、监督和评估，以提高高校体育教育的效率、质量和效果。

1. 智能化的体育教学

体育教学应利用智能设备和平台，如智能手环、智能运动场、智能教学系统等，实现对学生的体育课程的个性化安排、实时监测、智能辅导和反馈，提高学生的体育学习兴趣、动力和效果。同时，利用大数据、云计算等技术，对学生的体育学习数据进行分析和挖掘，为体育教学的改进和创新提供依据和支持。

2. 智能化的体育管理

利用智能系统和网络，如智能体育管理系统、智能体育服务平台等，实现对高校体育教育的全面管理和服务，包括体育教师的培训、考核、激励，体育设施的维护、使用、预约，体育活动的策划、组织、宣传，体育安全的预防、应急、处理等，提高高校体育教育的规范化、便捷化和安全化。

3. 智能化的体育研究

利用人工智能和机器学习等技术，如智能体育研究系统、智能体育研究机器人等，实现对高校体育教育的深入研究和创新，包括体育教育理论的构建、验证、更新，体育教育实践的探索、试验、推广，体育教育问题的发现、解决、预测等，提高高校体育教育的科学性、前瞻性和影响力。

（二）"互联网+"时代高校体育智能化管理模式的构建

"互联网+"是指互联网与各行各业的深度融合，是当今社会发展的另一大特征，也是高校体育教育的另一大机遇。高校体育教育应该积极利用"互联网+"的优势，构建适应"互联网+"时代的高校体育智能化管理模式，以拓展高校体育教育的空间、丰富高校体育教育的内容、增强高校体育教育的影响。

1. 互联网+体育教学

利用互联网和移动互联网等技术，如在线体育课程、移动体育应用等，实现高校体育教育的在线化、移动化和开放化，打破时间、空间和地域的限制，为学生提供更多的体育学习资源、渠道和方式，满足学生的多样化、个性化和终身化的体育学习需求。同时，利用社交媒体、互动平台等技术，如微博、微信、直播等，实现高校体育教育的社交化、互动化和共享化，增强学生的体育学习交流、合作和参与，提升学生的体育学习体验、效果和价值。

2. 互联网+体育管理

利用互联网和物联网等技术，如智慧体育云、智能体育物联网等，实现高校体育教育的云化、智能化和网络化，构建高校体育教育的智慧体育云平台，集成高校体育教育的各种信息、资源和服务，为高校体育教育的各个主体和对象提供全方位、多层次和高效率的体育管理和服务。同时，利用大数据、人工智能等技术，如智能体育大数据、智能体育决策系统等，实现高校体育教育的数据化、智能化和高效化，对高校体育教育的各种数据进行收集、分析、挖掘和应用，为高校体育教育的规划、决策、评估和改进提供科学、智能和有效的支持和指导。

3．互联网＋体育研究

利用互联网和人工智能等技术，如在线体育研究平台、智能体育研究助手等，实现高校体育教育的在线化、智能化和协同化，搭建高校体育教育的在线体育研究平台，汇聚高校体育教育的各种研究资源、工具和成果，为高校体育教育的研究者提供便捷、智能和协作的体育研究环境和服务。同时，利用云计算、机器学习等技术，如云体育研究、机器体育研究等，实现高校体育教育的云化、智能化和创新化，利用云计算的强大计算和应用，利用机器学习的自主学习和创新能力，为高校体育教育的研究提供更强大、更智能和更全面的体育研究能力和方法。

高校体育教育管理模式的构建是高校体育教育发展的重要内容和方向，需要高校体育教育的各个主体和层面共同参与和推动，以适应社会的变化和学生的需求，以提升高校体育教育的水平和质量，以促进高校体育教育的创新和发展。高校体育教育应该充分利用智能化和"互联网+"的优势，构建高校体育教育的智能化管理模式，以实现高校体育教育的效率、质量和效果的提高，以实现高校体育教育的空间、内容和形式的拓展，以实现高校体育教育的科学性、前瞻性和影响力的增强。高校体育教育的智能化管理模式的构建是一项系统的、复杂的和持续的工作，需要高校体育教育在各个方面不断探索和完善，也需要高校体育教育的各个利益相关者的互相合作和支持，才能为高校体育教育的发展和进步做出贡献。

第三章 体育教育管理思维的数字化转向

第一节 教育管理思维的相关内容概述

一、体育教育管理研究理论思维的范式建构

（一）体育教育管理研究理论思维的基础条件

教育管理研究理论思维的基础条件包括：教育管理研究理论思维的知识基础和教育管理研究理论思维的价值立场。

1. 教育管理研究理论思维的知识基础

知识基础是体育教育管理研究理论思维的前提和保障，它包括两个层面，一是体育教育管理研究的专业知识，二是体育教育管理研究的通识知识。专业知识是指体育教育管理研究的核心和基础，它涵盖体育教育管理研究的主要内容和范畴，如体育教育的目标和任务、体育教育的对象和主体、体育教育的过程和方法、体育教育的评价和反馈、体育教育的组织和管理、体育教育的政策和制度、体育教育的环境和资源、体育教育的效果和价值等。通识知识是指体育教育管理研究的背景和支撑，它涉及体育教育管理研究的相关领域和学科，如体育学、教育学、管理学、社会学、经济学、文化学、心理学、法学、统计学、计算机科学等。知识基础的作用是为体育教育管理研究理论思维提供丰富的信息和数据，增强体育教育管理研究理论思维的深度和广度，提高体育教育管理研究理论思维的准确性和有效性。

2. 教育管理研究理论思维的价值立场

价值立场是体育教育管理研究理论思维的动力和方向，它包括两个方面，一是体育教育管理研究的价值取向，二是体育教育管理研究的价值判断。价值取向是指体育教育管理研究的目的和意义，它反映了体育教育管理研究的主观愿望和客观需求，如促进体育教育的公平和普及、提升体育教育的质量和水平、增强体育教育的创新和竞争力、实现体育教育的和谐和发展等。价值判断是指体育教育管理研究的标准和准则，它体现了体育教育管理研究的主观评价和客观评估，如体育教育管理研究的真实性和科学性、体育教育管理研究的合理性和适用性、体育教育管理研究的先进性和前瞻性、体育教育管理研究的社会性和人文性等。价值立场的作用是为体育教育管理研究理论思维提供动力和方向，激发体育教育管理研究理论思维的积极性和主动性，指导和规范体育教育管理研究理论思维的过程和结果。

（二）体育教育管理研究理论思维的内容

体育教育管理研究的理论思维是指体育教育管理研究者在进行研究时所运用的逻辑、方法、原则和规律，它是体育教育管理研究的核心和灵魂，决定了体育教育管理研究的质量和水平。

1. 问题意识

问题意识是体育教育管理研究的动力和源泉，它是指体育教育管理研究者对现实中存在的或潜在的问题的敏感性和关注度，以及对问题的提出、分析、解决的态度和能力。体育教育管理研究者应该具有开阔的视野，敢于发现和挑战现有的理论和实践，敢于提出新的问题和假设，敢于探索未知的领域和方向，敢于承担风险和责任，敢于面对敏感和争议的话题，敢于创造和创新。

2. 系统思维

系统思维是体育教育管理研究的方法和工具，它是指体育教育管理研究者对体育教育管理现象和问题的整体性、复杂性、动态性和相互依存性的认识和处理。体育教育管理研究者应该具有全局的观点，能够把握体育教育管理的本质和规律，能够分析体育教育管理的结构和功能，能够预测体育教育管理的变化和趋势，能够协调体育教育管理的利益和冲突，能够优化体育教育管理的设计和实施。

3. 批判思维

批判思维是体育教育管理研究的态度和品质，它是指体育教育管理研究者对体育教育管理现象和问题的客观性、公正性、理性和创造性的要求和改变。体育教育管理研究者应该具有独立的思想，能够超越传统的观念和框架，能够质疑和验证现有的数据和结论，能够辨别和避免各种偏见和谬误，能够提出和证明自己的观点和论证，能够承认和改正自己的错误和不足。

4．创新思维

创新思维是体育教育管理研究的目标和价值，它是指体育教育管理研究者对体育教育管理现象和问题的新颖性、独特性、原创性和有效性的追求和实现。体育教育管理研究者应该具有创造的激情，能够发现和利用各种机遇和资源，能够结合和运用各种理论和方法，能够跨越和融合各种学科和领域，能够产生和推广各种观念和成果，能够引领和促进体育教育管理的发展和创新。

（三）体育教育管理研究的理论思维的方式（方法）

体育教育管理研究的理论思维的方式（方法）是指体育教育管理研究者在运用理论思维的内容时所采用的具体的步骤和方法，它是体育教育管理研究的实践和操作，体现了体育教育管理研究的技术和能力。

1．文献综述

文献综述是体育教育管理研究的基础和前提，它是指体育教育管理研究者对体育教育管理相关的文献资料的收集、整理、分析和评价。体育教育管理研究者应该广泛地查阅各种类型和来源的文献资料，如书籍、期刊、报告、论文、网站等，应该系统地归纳和总结文献资料的主要内容和观点，应该深入地探讨和比较文献资料的异同和优劣，应该批判地反思和评价文献资料的价值和局限。

2．实证研究

实证研究是体育教育管理研究的核心和重点，它是指体育教育管理研究者对体育教育管理现实的观察、测量、记录和分析。体育教育管理研究者应该科学地设计和执行实证研究的方案和程序，如确定研究的目的、问题、假设、范围、对象、方法、工具、数据、结果等，应该严谨地处理和解释实证研究的数据和结果，如进行数据的清理、编码、输入、统计、图表、推断、检验等，应该客观地呈现和讨论实证研究的结果和意义，如进行结果的描述、解释、比较、评价、归纳、推论等。

3．理论构建

理论构建是体育教育管理研究的高峰和目标，它是指体育教育管理研究者对体育教育管理现象和问题的概念、原理、模型和规律的提出和阐述。体育教育管理研究者应该创造性地提出和阐述体育教育管理的概念、原理、模型和规律，如进行概念的定义、分类、比较、演化等，进行原理的假设、验证、推理、证明等，进行模型的构建、分析、评价、改进等，进行规律的发现、表达、解释、应用等，应该系统性地组织和展示体育教育管理的理论体系，如进行理论的框架、结构、层次、关系、内涵、外延等的说明，应该实用性地指导和促进体育教育管理的理论应用，如进行理论的转化、实施、检验、反馈、修正等。

4. 学术交流

学术交流是体育教育管理研究的延伸和补充，它是指体育教育管理研究者对体育教育管理研究的过程和成果的分享和交流。体育教育管理研究者应该积极地参与和组织各种形式和层次的学术交流活动，如会议、研讨、讲座、培训、咨询等，应该有效地表达和传播自己的研究的目的、问题、方法、结果、意义等，应该主动地倾听和接受他人的研究的反馈、评价、建议、批评等，应该诚实地引用和注明自己和他人的研究的来源、贡献、影响等，应该合作地与他人进行研究的交流、协作、互动、创新等。

（四）教育管理研究理论思维的表达形式

体育教育管理研究理论思维的表达形式是指体育教育管理研究者在进行体育教育管理研究时，采用科学的语言和符号，对体育教育管理理论思维的内容和结果进行描述和展示的方式。

1. 概念的定义和运用

概念是对一类事物的共同特征的抽象和概括，是体育教育管理研究的基本单位和工具。体育教育管理研究者在进行体育教育管理研究时，需要明确和规范定义和运用的概念，以保证体育教育管理研究的准确性和一致性。体育教育管理研究者在定义和运用概念时，应注意以下三点：

①概念的定义应该具有明确性、简洁性和适切性：即概念的定义应该清楚的表达概念的含义和范围，避免模糊、冗长和过于宽泛或狭隘的定义。

②概念的定义应该具有一致性、稳定性和通用性：即概念的定义应该与已有的相关概念的定义保持一致，避免随意的更改或创造新的定义；同时，概念的定义应该适用于不同的情境和场合，避免因为个人或地域的差异而导致的歧义或误解。

③概念的运用应该具有准确性、恰当性和连贯性：即概念的运用应该符合概念的定义和范围，避免错误或滥用概念；同时，概念的运用应该与研究的主题和目的相适应，避免无关或过多的概念；另外，概念的运用应该与其他概念和语句相协调，避免矛盾或重复的概念。

2. 假设的提出和检验

假设是对体育教育管理现象的可能的解释或预测，是体育教育管理研究的基本假设和前提。体育教育管理研究者在进行体育教育管理研究时，需要合理的提出和检验假设，以保证体育教育管理研究的科学性和有效性。体育教育管理研究者在提出和检验假设时，应注意以下三点：

①假设的提出应该具有可行性、合理性和必要性：即假设的提出应该基于已有的理论和实证，能够用可获得的数据和方法进行检验，同时，假设的提出应该能够解决体育教育管理研究的问题或疑点，避免无意义或无用的假设。

②假设的检验应该具有客观性、严谨性和有效性：即假设的检验应该采用科学的数据和方法，能够消除或控制干扰因素，同时，假设的检验应该能够得出清晰和可信的结论，避免模棱两可或错误的检验结果。

③假设的提出和检验应该具有一致性、完整性和逻辑性：即假设的提出和检验应该与研究的目的和框架相一致，避免偏离或背离研究的主线，同时，假设的提出和检验应该涵盖研究的所有方面，避免遗漏或冗余的假设，另外，假设的提出和检验应该遵循科学的推理和证明，避免逻辑上的漏洞或错误。

二、大数据时代高校体育教育管理思维转向

（一）大数据时代高校体育教育管理思维概述

1. 通过大数据的预警功能来提升教育管理的及时性

高校体育教育管理的一个重要方面是对体育教育的监督和评估，即通过收集和分析体育教育的各项数据，来评价体育教育的质量和效果，发现体育教育的问题和不足，提出体育教育的改进和优化的建议和措施。然而，传统的体育教育监督和评估方法存在一些局限性，如数据的收集和分析的周期较长、数据的来源和范围较窄、数据的处理和呈现的方式较单一等，这些都影响了体育教育管理的及时性和有效性。

大数据技术为体育教育监督和评估提供了新的手段和方法，利用大数据的海量、快速、多样、价值和准确等特征，能够实现对体育教育的实时、全面、深入、动态的监测和分析，从中发现体育教育的规律和趋势，预测体育教育的风险和机会，形成体育教育的预警和预测。通过大数据的预警功能，高校体育教育管理能够及时发现和处理体育教育的问题和危机，提前做好体育教育的规划和调整，提高体育教育的适应性和灵活性，保证体育教育的质量和效果。例如，高校可以通过大数据技术，收集和分析学生的体质测试、体育

课程的选修、体育活动的参与、体育设施的使用、体育教师的评价等数据，来评估学生的体育水平、体育兴趣、体育满意度等指标，从中发现学生的体育需求和期望，预测学生的体育行为和结果，形成学生的体育画像和分类，为学生提供个性化和差异化的体育教育服务和指导。同时，高校也可以通过大数据技术，收集和分析体育教育的课程设置、教学方法、教学效果、教学反馈等数据，来评估体育教育的质量和效果，发现体育教育的优势和不足，预测体育教育的改进和优化的方向和措施，形成体育教育的评价和改进体系，为体育教师提供科学化和规范化的体育教育管理和支持。

2. 从以往零散化的数据转向相关性、系统性的整合数据

大数据技术为体育教育规划和决策提供了新的手段和方法，它能够利用大数据的海量、快速、多样、价值和准确等特征，实现对体育教育的相关性、系统性的整合数据，从中挖掘体育教育的内在联系和外部影响，构建体育教育的因果模型和优化模型，为体育教育的规划和决策提供科学的依据和指导。通过大数据的整合功能，高校体育教育管理能够全面把握和分析体育教育的现状和问题，创新制定和实施体育教育的目标和策略，合理配置和利用体育教育的资源和投入，提高体育教育的效率和效益。例如，高校可以通过大数据技术，整合和分析体育教育的内部数据，如学生的体质、体育成绩、体育兴趣、体育满意度等，以及体育教育的外部数据，如社会的体育需求、体育政策、体育市场、体育环境等，来建立体育教育的影响因素和影响程度的分析模型，从中找出体育教育的关键因素和优先领域，为体育教育的规划和决策提供参考和依据。同时，高校也可以通过大数据技术，整合和分析体育教育的投入数据，如体育教师的数量、质量、结构等，以及体育教育的产出数据，如学生的体育水平、体育素养、体育贡献等，来建立体育教育的投入产出的优化模型，从中找出体育教育的最优投入和最优产出的组合，为体育教育的资源配置和利用提供方案和建议。

（二）大数据时代高校教育管理的实践理路

1. 增强数据质量和数据文化意识

数据质量是大数据的生命，也是高校体育教育管理的基础。数据质量不仅包括数据的准确性、完整性、时效性、一致性等技术层面的要求，还包括数据的可信度、可用性、可解释性、可比较性等语义层面的要求。高校体育教育管理要充分利用大数据的优势，且必须保证数据的质量，避免数据出现噪声、偏差、失真等问题，否则将导致数据的无效性和误导性，影响管理的效果和效率。

数据文化是大数据的灵魂，也是高校体育教育管理的动力。数据文化是指在组织中形成的以数据为核心的价值观、思维方式、行为规范和管理模式。数据文化的核心是数据驱动，即以数据为依据，以数据为导向，以数据为评价，以数据为改进的管理理念和方法。高校体育教育管理要充分发挥大数据的潜力，必须培养数据的文化，提高数据的意识、素养、能力和创新，否则将导致数据的浪费和滞后，制约管理的创新和发展。

2. 利用大数据为教育管理决策服务

大数据是高校体育教育管理的重要资源和工具，可以为教育管理决策提供有力的支持和保障。大数据可以帮助高校体育教育管理实现以下三个方面的目标：

①提高教育管理决策的科学性和精准性。大数据可以通过收集、分析、挖掘、展示等技术手段，提供全面、深入、细致、动态的教育信息，揭示教育现状、趋势、规律、问题、需求等，为教育管理决策提供客观、准确、及时、有效的数据依据。

②优化教育管理决策的流程和方式。大数据可以通过云计算、物联网、人工智能等技术平台，实现教育数据的共享、协作、交互、反馈等，为教育管理决策提供便捷、高效、智能、灵活的数据服务。

③丰富教育管理决策的内容和形式。大数据可以通过可视化、模拟、预测、推荐等技术手段，提供多维、多角、多层、多样的教育信息，为教育管理决策提供多元、个性、创新、前瞻的数据选择。

3. 坚持路线逻辑的基本原则

路线逻辑是指在管理实践中，以目标为导向，以问题为驱动，以数据为依据，以方法为工具，以结果为评价，以改进为动力的逻辑关系。路线逻辑是高校体育教育管理的基本原则，也是高校体育教育管理在大数据时代的实践理论。

①明确目标，确定管理的方向和意义。目标是管理的出发点和归宿，是管理的动力和导向。高校体育教育管理要根据国家的教育方针、政策和规划，结合高校的办学特色、定位和愿景，明确体育教育的目的和要求，制定体育教育的目标和任务，为管理提供明确的方向和意义。

②发现问题，诊断管理的现状和困境。问题是管理的动因和突破口，是管理的驱动和创新。高校体育教育管理要利用大数据的技术和方法，收集和分析体育教育的各种数据，发现和识别体育教育的问题、矛盾和差距，诊断和评估体育教育的现状和困境，为管理提供客观的依据和方向。

③依据数据，制定管理的方案和措施。数据是管理的依据和支撑，是管理的科学和精准。高校体育教育管理要利用大数据的技术和方法，挖掘和利用体育教育的各种数据，分析和预测体育教育的趋势、规律和需求，制定和优化体育教育，为管理提供科学的方案和

措施。

④选择方法，实施管理的过程和操作。方法是管理的工具和手段，是管理的效果和效率。高校体育教育管理要利用大数据的技术和方法，选择和运用体育教育的各种方法，实施和监控体育教育，为管理提供有效的过程和操作。

⑤评价结果，反馈管理的成效和问题。结果是管理的目的和结果，是管理的评价和反馈。高校体育教育管理要利用大数据的技术和方法，收集和展示体育教育的各种结果，评价和总结体育教育，为管理提供准确的成效和问题。

⑥不断改进，优化管理的模式和水平。改进是管理的动力和目标，是管理的创不断改进，优化管理的模式和水平。改进是管理的动力和目标，是管理的创新和发展。高校体育教育管理要利用大数据的技术和方法，收集和反馈体育教育的各种改进，优化和创新体育教育，为管理提供优化的模式和水平。

第二节 体育教育管理思维数字化转变的时代要求

当今世界，科技进步对一个国家的整体能力及其在国际竞争中的地位显得尤为关键。众所周知，"教育是基础，科技则是核心力量"。体育教学领域中数字技术的广泛应用，已经开始弥补传统教学方式的不足，显现出融合信息技术对体育教学的巨大价值。然而，我国在数字技术发展方面还存在一定的滞后，实际应用中也遇到了不少难题，这些因素成为制约我国体育教学数字化深入发展的"瓶颈"。因此，厘理清数字技术与体育教学的内在联系，凸显数字技术在体育教学中的优势及其应用策略，探索数字技术发展的有效路径，对于推动我国体育教育事业的健康成长具有重要的现实意义。

一、信息技术的融合

信息技术是指利用计算机、网络、软件等技术来处理、传输和存储信息的技术。信息技术在各个领域都有广泛的应用，体育教育也不例外。随着数字化时代的到来，体育教育管理需要更多地融合信息技术，以提高教学质量、效率和创新性。

①信息技术可以帮助体育教育管理进行数据分析，以评估学生的体育表现和教学效果。信息技术在体育教育管理中的应用，特别是在数据分析方面，正日益成为提高教学效

果和评估学生体育表现的重要工具。通过运用各种高科技设备，如传感器、智能手表和运动追踪器等，教师能够实时收集学生在体育活动中的详细数据，包括心率、步数、速度和运动距离等关键指标。这些数据经过精密的分析和处理，可以转化为直观的图表和报告，为教师提供全面的学生体育成绩分析、健康状况评估以及个性化的运动建议。

利用这些详尽的数据分析，教师可以更精确地了解每位学生在体育课上的表现，监测他们的进步情况，甚至及时发现可能存在的健康问题。这种深度分析不仅对教师调整教学计划、采取更有效的教学方法大有裨益，也使得学生能够更清楚地认识到自身的体育水平和健康状态。此外，数据分析的结果可以激发学生对体育活动的兴趣，增加他们参与运动的积极性，进而有效提升整体的体育教学质量和学生的健康水平。

②信息技术可以帮助体育教育管理进行教学资源的共享，以丰富教学内容和形式。在数字时代，通过云端服务、专业网站和各类应用程序，教师和学生都可以轻松访问和利用丰富的体育教学资源，包括视频教程、音频讲解、图像资料、文档文件等。这些资源覆盖了从基础体育技能到专业运动理论，从运动规则到健康指导的各个方面。

对教师而言，数字平台的利用意味着更广泛的教学资源获取渠道和更有效的教学方法更新。他们可以根据自己的教学计划和学生的需求，从海量的数字资源中选择合适的教学材料，或者与其他教师交流分享教学心得和经验。这不仅有助于提升教学质量，也激励教师在教学方法上进行创新和尝试。

对学生而言，数字平台提供了一个自主学习的空间。学生可以根据个人兴趣和需求，随时随地访问各种体育教学资源，学习新的运动技能，或者深入了解特定运动项目的背景知识。这种学习方式不仅增加了学生的学习动力，还有助于他们在体育学习上取得更好的成绩。

此外，数字技术在体育教育资源共享方面还带来了前所未有的国际交流机会。通过网络，学校和教育机构可以与全球的同行进行教学资源和经验的交流，从而把国际上最先进的体育教学理念和方法引入本国教育体系。

③信息技术可以帮助体育教育管理进行日常运营的自动化，以节省时间和成本。通过运用各类管理软件，体育教育的多个方面都可以实现数字化和智能化，从而使管理工作更加高效和精准。

首先，排课系统的应用可以简化课程安排过程。这种系统能够考虑到教师的时间表、学生的课程需求、场地可用性以及设备情况，自动规划出最合适的体育课程和活动安排。这不仅提高了课程安排的效率，也确保了课程安排的公平性和合理性。此外，这种系统还能够根据突发情况快速调整课程安排，如教师临时请假或场地维修等。

其次，考勤系统的引入同样改变了体育教育的日常管理。通过采用人脸识别或指纹识别等生物识别技术，学生的出勤情况可以被自动准确地记录。这样不仅减少了人工考勤的工作量，也提高了考勤的准确性。同时，这种系统还能自动记录并分析学生的出勤数据，为教师提供重要的教学反馈。

最后，财务管理方面，数字化的财务系统可以自动处理体育教育的收支事务。通过电子支付和电子发票的应用，所有的财务交易都能被即时记录和追踪。这种系统不仅提高了财务管理的透明度和准确性，也大大减少了财务工作的人力成本。

二、数据驱动的决策

数据驱动的决策模式是指决策过程更加依赖于收集和分析的数据，而不是仅仅依靠经验和直觉。数据驱动的决策模式可以帮助体育教育管理者从多个维度了解和评估体育教育的现状和效果，发现问题和机会，制定合理和科学的目标和策略，实施有效和持续的改进和创新。

具体来说，数据驱动的决策模式可以应用在体育教育管理的以下三个方面：

（一）学生的健康指标

通过系统地收集和分析学生的基本健康数据，如身高、体重、肺活量等，教师不仅能够全面了解学生的身体状况，还能评估体育教育对学生健康的具体影响。

这些健康指标为教师提供了宝贵的参考信息，使他们能够根据每位学生的身体特点和健康需求，制订更为个性化和适宜的体育教学计划。例如，对于体重超标或心肺功能较弱的学生，教师可以设计一些低强度但持久的运动项目，帮助他们逐步提高身体素质和耐力；对于身体条件较好的学生，教师则可以安排更加多样和挑战性的运动活动，以进一步提升其体能和技能。此外，这种对健康指标的关注也有助于提高学生的健康意识。通过定期检测和反馈健康数据，学生可以更清晰地认识到体育活动对自身健康的益处，从而增加他们参与体育锻炼的积极性和持续性。这不仅有助于学生在校期间保持良好的身体健康，也为他们未来的健康生活方式奠定了基础。

（二）学生的运动成绩

学生的运动成绩分析在体育教育管理中占有举足轻重的地位。这一分析包括对学生在各项体育活动中的表现、技能水平、成绩以及进步情况进行全面评估。通过收集和解读这些关键运动指标，教师可以准确了解学生的运动潜能和能力，有效评估体育教学对提升学生运动技能的影响。这种分析对于制订更有目标性和挑战性的体育教学计划至关重要，同时它也是提升学生运动技能和增强运动兴趣的关键因素。

运动成绩的数据分析使得教师能够为不同能力水平的学生提供定制化的教学方法。对于运动技能较强的学生，可以设计更为复杂和高级的训练方案，挑战他们的极限，进一步提高他们的运动表现；对于基础相对薄弱的学生，教师可以采用更基础和步骤性的训练方式，帮助他们逐步提高技能，并在运动中建立自信。

通过对学生运动成绩的持续跟踪和分析，教师不仅能够监测学生的进步，还能够及时调整教学方法，以适应学生的发展需要。学生通过看到自己在体育运动中的进步，会更加积极地参与到体育活动中，从而在享受运动的乐趣的同时，提升自己的运动技能。这种积极的参与对于学生的身心健康发展有着深远的影响。

（三）学生的参与度

通过对学生在体育活动中的活跃程度、反馈意见和满意度等多方面参与指标的收集与分析，教师可以深入了解学生的体育教育需求和期望。这种分析有助于评估现有体育教育活动对于激发学生参与的效果，并为教师在设计教学内容和方法时提供宝贵的信息。

活跃程度的数据可以反映学生在课堂上的参与情况，是衡量学生兴趣和动态参与的重要指标。通过这些数据，教师可以了解哪些体育活动更受学生欢迎，哪些需要改进。学生的反馈意见是理解他们偏好和教学效果的直接途径，教师可以通过这些反馈调整教学计划，解决学生在体育学习中遇到的问题。而满意度调查结果则能帮助教师全面评估体育课程的效果，及时做出相应的调整以满足学生的期待。为了进一步提高学生的参与度，教师可以根据收集到的数据设计更具吸引力和互动性的教学内容，如组织团队竞赛、引入新兴的体育项目、应用游戏化的教学方法等。这些方法不仅能够激发学生的运动热情，还能增强他们的团队协作能力和社交技能。

数据驱动的决策模式是体育教育管理的新模式，可以帮助体育教育管理者更好地了解和改善体育教育的质量和效果，促进体育教育的发展和创新，为学生的身心健康和综合素质的提升提供有力的支撑。

三、个性化教育的发展

个性化教育是指根据每个学生的特点、需求和目标，为他们提供个性化的学习内容、方法和环境，以促进他们的最大发展。个性化教育的核心是学生的主体性，即学生是学习的主体，而不是被动的接受者。个性化教育的目的是培养学生的自主学习能力，激发他们的学习兴趣和动力，提高他们的学习效率和效果，以及培养他们的创新能力和批判性思维。

（一）数字化技术的应用为体育教育的个性化提供了强有力的支撑

体育教育是教育的重要组成部分，对于促进学生的身心健康、培养学生的团队合作和竞争意识、提高学生的自信心和自我管理能力等方面都有着重要的作用。然而，传统的体育教育往往采用一致化的教学模式，忽视了学生的体质水平、运动兴趣和能力差异，导致学生的参与度和满意度低，难以达到预期的教学效果。

为了解决这一问题，数字化技术应运而生，它为体育教育的个性化提供了强有力的支撑。数字化技术包括了互联网、移动设备、智能穿戴、大数据、人工智能等多种技术，它们可以实现以下三个方面的功能：

①通过互联网和移动设备，可以实现体育教育的在线化和随时随地的学习，打破时间和空间的限制，增加学生的学习便利性和灵活性。

②通过智能穿戴和大数据，可以实现对学生的体质状况、运动表现和学习效果的实时监测和分析，提供客观和精准的数据支持，便于教师和学生进行个性化的教学设计和学习调整。

③通过人工智能，可以实现对学生的运动兴趣和能力的智能识别和推荐，提供个性化的学习内容和方法，增加学生的学习兴趣和动力。

通过数字化技术的应用，体育教育的个性化可以实现以下三个方面的优势：

①可以提高体育教育的效率和质量，使每个学生都能获得适合自己的教学服务，提高学生的运动水平和身体素质。

②可以提高体育教育的公平性和包容性，使每个学生都能享受到体育教育的机会和资源，减少学生之间的差距。

③可以提高体育教育的创新性和多样性，使每个学生都能发现和培养自己的运动特长和潜能，拓展学生的视野和思维。

（二）个性化教育的实施需要教师和学生之间的有效沟通和合作

虽然数字化技术的应用为体育教育的个性化提供了强有力的支撑，但是个性化教育的实施并不是一件简单的事情，它需要教师和学生之间的有效沟通和合作，才能达到最佳的教学效果。

首先，教师和学生之间需要建立信任和尊重的关系，教师要尊重学生的个性和选择，学生要信任教师的专业和指导，双方要建立良好的互动和反馈机制，及时沟通和解决问题，共同促进学习的进步。

其次，教师和学生之间需要建立目标和计划的一致性，教师要根据学生的特点和需求，制订合理和可行的教学目标和计划，学生要根据教师的建议和要求，制定适合个人的学习目标和计划，双方要定期进行评估和调整，确保学习的有效性和持续性。

最后，教师和学生之间需要建立协作和分享的氛围，教师要鼓励和引导学生与其他学生进行合作和交流，学生要积极和主动地与其他学生进行合作和交流，双方要充分利用数字化技术的平台和资源，拓展学习的渠道和方式，提升学习的质量和乐趣。

个性化教育是体育教育一种新的发展方向，它有利于提高体育教育的质量和效果，促进学生的身心健康和全面发展。数字化技术的应用为个性化教育的实现提供了强大的工具和平台，但也需要教师和学生之间的密切配合和协作，以及教育体制和政策的支持和改革。个性化教育是一种不断探索和创新的教育过程，需要我们不断地学习和实践，以适应时代的变化和需求。

四、互动与参与性的增强

在线平台是一种利用互联网技术，将体育教学资源和服务集成在一个网站上，供学生和教师在线访问和使用的数字化工具。在线平台可以实现多种功能，如提供体育课程的视频、音频、文本和图片资料，提供体育知识的测试和评估，提供体育活动的预约和管理，提供体育教师的指导和反馈，提供体育学习的社区和交流等。在线平台的优势在于，它可以突破时间和空间的限制，让学生可以随时随地的学习体育知识和技能，让教师可以更方便地监督和指导学生的体育学习，让学生和教师可以更容易地沟通和互动，提高体育教学的效率和质量。

移动应用是一种利用移动设备，如智能手机和平板电脑，为学生和教师提供体育教学相关的功能和服务的数字化工具。移动应用可以实现多种功能，如记录和分析学生的体育活动数据，如运动时间、距离、速度、心率、卡路里消耗等，提供个性化的体育锻炼计划和建议，提供在线竞赛和虚拟锻炼环境，提供体育游戏和娱乐，提供体育健康的知识和资讯等。移动应用的优势在于，它可以充分利用移动设备的便携性和智能性，让学生可以在任何地点和场合进行体育锻炼，让教师可以更实时地了解和反馈学生的体育表现，让学生可以更有趣和富有挑战性地参与体育活动，激发学生的运动兴趣和参与度。

数字化工具如在线平台和移动应用为体育教学带来了新的机遇和挑战，使学生能够更积极地参与体育活动，增强教学的互动性和参与性。体育教师应该根据学生的特点和需求，合理地选择和使用数字化工具，提高体育教学的效果和水平。

五、持续更新与适应新技术

数字新兴技术为体育教育提供了新的机遇和可能性。数字化评估工具可以实现客观、准确、及时的体育学习成果的反馈，提高学生的学习动力和效率。数字化媒体和社交网络可以实现体育教育的宣传、交流和分享，增强学生的参与感和归属感。然而，新兴技术也为体育教育带来了新的挑战和风险。例如，数字化教学平台可能导致教师和学生缺乏面对面的互动和指导，影响体育技能的理解和运用。数字化评估工具可能导致学生过分依赖数据和分数，忽视体育学习的过程和意义。数字化媒体和社交网络可能导致学生暴露在不良信息和舆论的影响下，影响体育价值观的形成和传承。因此，体育教育管理者需要持续更新与适应新技术，以充分利用其优势，有效应对其挑战。具体而言，体育教育管理者需要做到以下三点：

（一）了解新的数字工具和平台

数字工具和平台是指那些利用数字技术，为教育者和学习者提供教学和学习功能及服务的软件或网站。例如，教育者可以使用在线课程平台，如Coursera或edX，来创建或参与在线课程，提供或获取高质量的教育内容；也可以使用互动白板，如Jamboard或Miro，来进行协作式的教学和学习，增加互动性和创造性；还可以使用数字评估工具，如Quizizz或Kahoot，来进行有趣的测验和游戏，检测和提高学习效果。

了解新的数字工具和平台的好处有很多。首先，它可以帮助教育者拓展教学资源，丰富教学内容，提高教学效率。例如，教育者可以利用在线课程平台，来获取最新的学科知识，或者分享自己的专业经验；也可以利用互动白板，来展示教学内容，或者让学生参与讨论和创作；还可以利用数字评估工具，来快速地收集和分析学生的反馈，或者激发学生的兴趣和动力。其次，它可以帮助教育者适应不同的教学场景，满足不同的教学需求，提高教学质量。例如，教育者可以利用在线课程平台，来实现异步的教学，或者支持混合式的教学；也可以利用互动白板，来实现同步的教学，或者支持远程的教学；还可以利用数字评估工具，来实现个性化的教学，或者支持自适应的教学。

了解新的数字工具和平台的方法有很多。首先，教育者可以通过网络搜索，如百度，来查找和了解相关的数字工具和平台，比较它们的特点和优劣，选择适合自己的工具和平台。其次，教育者可以通过社交媒体，如微博，来关注和交流与数字工具和平台相关的信息、动态、和经验，学习他人的使用方法和心得，分享自己的使用感受和建议。最后，教育者可以通过实践操作，来尝试和使用不同的数字工具和平台，探索它们的功能和用法，发现它们的优点和缺点，改进自己的使用方式和效果。

(二)关注教育技术趋势

教育技术趋势是指那些影响或改变教育领域的数字技术的发展方向和变化趋势。例如人工智能,是指那些能够模拟或超越人类智能的数字技术,如机器学习,自然语言处理,计算机视觉等;虚拟现实和增强现实,是指那些能够创造或增强人类感知的数字技术,如头戴式显示器,手势识别,全息投影等;区块链,是指那些能够实现去中心化和安全的数字技术,如分布式账本,智能合约,数字货币等。

关注教育技术趋势的好处有很多。首先,它可以帮助教育者了解教育领域的变化和创新,预测教育的未来和方向,提高教育的前瞻性和战略性。例如,教育者可以通过了解人工智能,来探索如何利用人工智能辅助教学和学习,提升教育的智能化和个性化;也可以通过了解虚拟现实和增强现实,来探索如何利用虚拟现实和增强现实丰富教学和学习,提升教育的沉浸度和体验度;还可以通过了解区块链,来探索如何利用区块链保障教学和学习,提升教育的信任度和透明度。其次,它可以帮助教育者拥抱教育领域的挑战和机遇,创造教育的价值和影响,提高教育的创新性和竞争力。例如,教育者可以通过拥抱人工智能,来应对教育资源的不平等和不充分,创造教育的普惠和公平;也可以通过拥抱虚拟现实和增强现实,来应对教育内容的单一和无趣,创造教育的多元和有趣;还可以通过拥抱区块链,来应对教育数据的不安全和不可靠,创造教育的安全和可靠。

关注教育技术趋势的方法有很多。首先,教育者可以通过阅读专业的教育技术报告,如教育技术前沿报告或教育技术展望报告,来了解和分析教育技术的发展历程、现状和未来,评估教育技术的影响和潜力,选择适合自己的教育技术。其次,教育者可以通过参与专业的教育技术活动,如教育技术大会或教育技术展览,来观察和体验教育技术的最新产品、服务和案例,交流和学习教育技术的最佳实践和创新思路。最后,教育者可以通过实施专业的教育技术项目,如教育技术创新项目或教育技术研究项目,来设计和实现教育技术的解决方案,评价和改进教育技术的效果,分享和推广教育技术的成果。

(三)培养数字化素养

数字化素养是指那些与数字技术相关的知识,技能,态度和价值观,如信息素养,媒体素养,数据素养,编程素养,创新素养等。数字化素养是教育者在数字化时代的必备素养,是教育者有效利用数字技术的基础,为教育者培养学习者提供帮助。

培养数字化素养的好处有很多。首先,它可以帮助教育者提高自己的数字技术能力,如搜索,分析,处理,呈现和共享数字信息,媒体,数据和代码,提高自己的数字技术效率,如节省时间,降低成本,提高质量和增加价值,提高自己的数字技术信心,如敢于尝试,勇于创新和乐于分享。其次,它可以帮助教育者培养自己的数字技术意识,如关注数字技术的发展和影响,批判地评价数字技术的优劣和风险,负责地使用数字技术,尊重数字技术的规范和伦理,贡献数字技术的公益和社会效果。

培养数字化素养的方法有很多。首先,教育者可以通过参加专业的数字化素养培训,如数字化素养课程或数字化素养证书,来系统地学习和掌握数字化素养的理论和实践,获得数字化素养的认证和证明,提升数字化素养的水平和地位。其次,教育者可以通过参与专业的数字化素养社区,如数字化素养协会或数字化素养论坛,来持续地更新和拓展数字化素养的知识和技能,交流和学习数字化素养的经验和故事,分享和传播数字化素养的理念和价值。最后,教育者可以通过实践专业的数字化素养项目,如数字化素养教学项目或数字化素养学习项目,来应用和发展数字化素养的能力和意识,评价和改进数字化素养的效果和影响,示范和推动数字化素养的教育和学习。

教育者在数字化时代需要不断地更新自己的知识和技能,以适应新的数字工具和平台,关注教育技术趋势,培养数字化素养。这样,才能有效地利用数字化资源,提高教学质量,满足学习者的需求,促进学习者的发展。教育者应该把数字化时代看作是一个机遇,而不是一个威胁,把数字化技术看作是一个工具,而不是一个目标,把数字化素养看作是一个过程,而不是一个结果。教育者应该以开放的心态,积极的态度和创新的精神,迎接数字化时代的挑战和机遇,为教育的发展和进步做出贡献。

六、高校数字化体育教学的内涵机理和推进机制

(一)高校数字化体育教学内涵机理

1. 高校数字化体育教学内涵

高校数字化体育教学是指利用数字化技术和手段,对高校体育教学的内容、方法、过程、评价等进行改革和创新,以提高体育教学的质量和效果,培养学生的体育素养和终身体育意识的教学模式。

①技术内涵:高校数字化体育教学依赖于数字化技术的支持和应用,如互联网、移动通信、云计算、大数据、人工智能、虚拟现实、增强现实、可穿戴设备等,这些技术为体育教学提供了丰富的资源、多样的手段、灵活的方式和智能的服务。

②教学内涵:高校数字化体育教学遵循体育教学的基本规律和原则,以学生为主体,以教师为主导,以体育知识、技能、情感、价值观等为目标,以体育活动为载体,以体育文化为背景,以体育素养为核心,实现体育教学的有效性、趣味性、个性化和终身化。

③社会内涵：高校数字化体育教学反映了社会的需求和发展，符合时代的特征和趋势，适应教育的变革和创新，服务于国家的战略和目标，促进了体育事业的进步和发展，提升了国民的健康和幸福。

2. 体育教学情境的沉浸化

体育教学情境是指体育教学中的人、事、物、环境等要素所构成的教学背景和氛围，它影响着学生的学习动机、兴趣、情感、态度和行为。高校数字化体育教学利用虚拟现实、增强现实等技术，创造了丰富的、真实的、多维的、交互的、沉浸的体育教学情境，使学生能够在虚拟和现实的结合中，感受体育的魅力和乐趣，激发体育的热情和欲望，增强体育的参与和体验，提高体育的效果和收获。例如，学生可以通过虚拟现实头盔，体验奥运会、世界杯、NBA等体育赛事的虚拟现场，观看和模拟体育明星的动作和技巧，感受和学习体育的精神和文化；学生也可以通过增强现实眼镜，将自己的运动场景和数据，与其他学生或教师进行实时的分享和对比，形成有效的竞争和合作，促进体育的交流和互动。

3. 体育教学内容的个性化

体育教学内容是指体育教学所涉及的体育知识、技能、情感、价值观等，它决定了体育教学的目的和方向，体现了体育教学的内涵和价值。高校数字化体育教学利用互联网、大数据、人工智能等技术，实现了体育教学内容的个性化，使体育教学能够根据学生的兴趣、需求、特点、水平等，进行灵活的选择、组合、调整和优化，满足学生的多样化和差异化的体育学习需求，激发学生的主动性和创造性，培养学生的个性化和终身化的体育素养。例如，学生可以通过互联网，获取和学习各种类型、层次、风格、形式的体育资源，如视频、音频、图文、动画、游戏等，根据自己的喜好和能力，选择和安排自己的体育学习计划和进度；学生也可以通过大数据和人工智能，得到针对自己的体育学习的分析和评价，如运动量、运动效果、运动风险、运动建议等，根据自己的情况和目标，调整和改进自己的体育学习方法和策略。

4. 体育教学过程的数据化

体育教学过程是指体育教学中的教与学的活动和交互，它体现了体育教学的方法和手段，影响了体育教学的效率和质量。高校数字化体育教学利用云计算、可穿戴设备、移动通信等技术，实现了体育教学过程的数据化，使体育教学能够通过数据的采集、传输、存储、处理、展示、应用等，实现体育教学的智能化、便捷化、高效化和优质化。例如，学生可以通过可穿戴设备，如智能手环、智能手表、智能鞋等，实时地监测和记录自己的运动数据，如心率、步数、速度、距离、卡路里等，方便随时查看和管理自己的运动状况和效果；学生也可以通过云计算和移动通信，将自己的运动数据随时上传和下载，与教师、同学、专家等进行远程的沟通和指导，获得及时的反馈和支持。

（二）高校数字化体育教学的推进机制

1. 加快教学平台更新迭代

教学平台是数字化体育教学的基础和载体，是连接教师和学生、实现教学目标的桥梁。教学平台的功能、性能、稳定性、安全性、易用性等，直接影响着数字化体育教学的效果和体验。因此，高校应该加快教学平台的更新迭代，不断优化和完善教学平台的各项功能，满足数字化体育教学的多样化需求。

①选择适合高校体育教学特点和需求的教学平台，如支持多媒体、互动、实时、反馈、个性化等功能的教学平台，避免使用过于复杂或过于简单的教学平台，造成教学资源的浪费或不足。

②定期对教学平台进行维护和升级，保证教学平台的正常运行，及时修复教学平台的故障和漏洞，提高教学平台的安全性和可靠性。

③根据教学反馈和评价，对教学平台进行改进和优化，增加或删除教学平台的功能，提高教学平台的适应性和灵活性。

④鼓励教师和学生参与教学平台的设计和开发，充分发挥教师和学生的创意和想法，提高教学平台的用户满意度和参与度。

2. 提高教师信息素养能力

教师是数字化体育教学的主导和推动者，是数字化体育教学的核心力量。教师的数字素养能力，是指教师能够有效地利用数字技术和资源，进行数字化体育教学的能力，包括数字技术的使用能力、数字信息的处理能力、数字媒体的创作能力、数字环境的适应能力等。教师的数字素养能力，直接决定着数字化体育教学的水平和质量。因此，高校应该不断提高教师的数字素养能力，并不断提升教师的数字化体育教学的能力和水平。

①加强教师的数字化体育教学的培训和指导，使教师掌握数字化体育教学的理论和方法，熟悉数字化体育教学的平台和工具，了解数字化体育教学的规范和要求，提高教师的数字化体育教学的自信和信心。

②鼓励教师的数字化体育教学的创新和实践，使教师能够根据教学目标和学生特点，灵活地运用数字技术和资源，设计和实施数字化体育教学的方案和活动，提高教师的数字化体育教学的效果和体验。

③建立教师的数字化体育教学的交流和分享机制，使教师能够相互学习和借鉴，共享和传播数字化体育教学的经验和成果，提高教师的数字化体育教学的合作和竞争意识。

3. 激发学生学习动机养成

学生是数字化体育教学的对象和参与者，是数字化体育教学的终极目标。学生的学习动机，是指学生对数字化体育教学的兴趣和愿望，是学生参与和坚持数字化体育教学的内在驱动力。学生的学习动机，直接影响着学生的学习态度和行为，进而影响着学生的学习效果和成绩。因此，高校应该激发学生的学习动机，不断培养和提升学生的数字化体育教学的兴趣和习惯。

①关注学生的学习需求和特点，使数字化体育教学的内容和形式，符合学生的认知水平和发展阶段，适应学生的个性差异和学习风格，满足学生的学习兴趣和需求。

②创设学生的学习情境和环境，使数字化体育教学的过程和方式，具有趣味性和挑战性，激发学生的好奇心和探索欲，增强学生的自主性和主动性，促进学生的学习参与。

③实施学生的学习评价和反馈，使数字化体育教学的结果和效果，能够及时和准确地反映学生的学习进步和水平，给予学生的学习肯定和鼓励，提高学生的自信心和成就感，促进学生的学习持续和深化。

七、高校体育管理的创新和创新思维

随着社会的发展和变化，高校体育面临着新的挑战和机遇，需要不断地进行创新和改革，以适应时代的要求和学生的需求。高校体育管理的创新，需要有创新的思维，即敢于打破固有的思维模式，敢于尝试新的方法和手段，敢于探索新的理念和模式，敢于解决新的问题和困难。

（一）促进体育管理中人、财、物的优化组合

高校体育管理涉及人、财、物三个方面的资源，如何合理地配置和利用这些资源，是高校体育管理的重要内容。高校体育管理的创新思维，要求在人、财、物的组合上，突破传统的固定和单一的模式，采用灵活和多样的方式，以达到最大化的效益。

①在人的组合上，要充分发挥高校体育教师的专业优势和主导作用，同时广泛吸纳和利用社会体育资源，如聘请专业教练、邀请优秀运动员、开展社区合作等，形成多元化的体育教学和指导队伍，提高体育教学的质量和水平。

②在财的组合上，要充分利用高校体育的经费和设备，同时积极争取和拓展体育的外部资金和资源，如申请项目资助、开展社会服务、吸引社会赞助等，形成多渠道的体育投

入和支持，提高体育的经济效益和社会效益。

③在物的组合上，要充分利用高校体育的场地和设施，同时创造和拓展体育的空间和条件，如改造和优化体育场馆、开发和利用校园环境、建立和完善体育网络等，形成多功能的体育环境和平台，提高体育的便利性和参与度。

（二）贯彻"人本原理"，重视学生主体地位

高校体育的根本目的是学生的身心健康和全面发展，学生是高校体育的主体和对象，高校体育管理的创新思维，要求在体育的规划、组织、实施、评价等各个环节，都要贯彻"人本原理"，即以学生的需求和利益为出发点和归宿，重视学生的主体地位和作用，尊重学生的意愿和选择，激发学生的兴趣和动力，保障学生的权利和义务，促进学生的参与和发展。

①在体育的规划上，要充分调查和分析学生的体育需求和特点，制订符合学生的体育目标和计划，提供适合学生的体育课程和项目，建立灵活的体育选修和选项制度，满足学生的个性化和多样化的体育需求。

②在体育的组织上，要充分发挥和培养学生的体育组织和管理能力，建立和完善选拔学生体育代表和委员会，加强和支持学生的体育社团和活动，鼓励和引导学生的体育自主和创新，增强学生的体育主动性和责任感。

③在体育的实施上，要充分尊重和关注学生的体育感受和体验，采用多种多样的体育教学和指导方法，注重体育的过程和方法，而不仅仅是结果和技能，注重体育的乐趣和价值，而不仅仅是负担和压力，注重体育的合作和交流，而不仅仅是竞争和比较，提高学生的体育满意度和自信度。

④在体育的评价上，要充分考虑和反映学生的体育进步和成就，建立和实施科学合理的体育评价体系和标准，采用多元化的体育评价方式和手段，注重体育的综合和长期效果，而不仅仅是单一和短期表现，注重体育的自我和互动评价，而不仅仅是他人和权威评价，提高学生的体育认同和归属感。

（三）加强学习，提高管理者自身综合素质

高校体育管理者是高校体育管理的主要执行者和推动者，高校体育管理的创新思维，要求管理者不断地加强学习，提高自身的综合素质，包括专业素质、管理素质、创新素质等，以适应高校体育管理的新形势和新要求。

①在专业素质上，要不断更新和丰富体育的理论知识和实践技能，关注和掌握体育的

发展动态和前沿趋势，熟悉和遵守体育的规范和标准，提高体育的教学和指导水平，增强体育的专业信心和影响力。

②在管理素质上，要不断学习和运用管理的理论方法和实践技巧，掌握和运用管理的工具和手段，熟悉和处理管理的问题和困难，提高管理的效率和效果，增强管理的协调和沟通能力。

③在创新素质上，要不断培养和锻炼创新的思维和能力，敢于突破和改变传统的体育观念和模式，敢于尝试和实施新的体育方法和手段，敢于探索和解决新的体育问题和困难，提高体育的创新水平和效果，增强体育的创新信心和影响力。

（四）以学生为主体，提高管理工作实效性

高校体育管理者不是孤立的个体，而是一个有机的整体，高校体育管理的创新思维，要求管理者不断地加强交流，促进管理者之间的合作和共享，以形成高校体育管理的合力和协同效应。

①在校内交流上，要加强和其他学院、部门、机构之间的沟通和协作，建立和完善高校体育管理的协调和联动机制，共同制定和执行高校体育的政策和规划，共同推进和落实高校体育的改革和发展，共同维护和促进高校体育的秩序和氛围。

②在校外交流上，要加强和其他高校、地区、国家之间的联系和合作，建立和完善高校体育管理的交流和合作平台，共同学习和借鉴高校体育的经验和做法，共同开展和参与高校体育的活动和项目，共同提升和展示高校体育的水平和形象。

③在网络交流上，要加强和各种体育媒体、组织、人士之间的互动和沟通，建立和完善高校体育管理的网络和信息系统，共同获取和传播高校体育的信息和知识，共同讨论和解决高校体育的问题和挑战，共同建设和发展高校体育的网络社区和文化。

高校体育管理的创新和创新思维，是高校体育工作的内在要求和动力，也是高校体育工作的外在表现和成果。高校体育管理者要树立创新的意识和理念，运用创新的思维和方法，实现创新的目标和效果，为高校体育的发展和进步做出贡献。

第三节 体育教育管理思维的发展需求

一、体育教育创新与人的思维特征

（一）体育教育创新与人的实践

1. 实践是创新的源泉和动力

实践是指人们在自然和社会中有目的的活动，它是人类认识和改造世界的基本方式。实践是创新的源泉，因为实践能够提供创新的素材、问题、需求和动机。例如，人们在体育教育的实践中，会遇到各种各样的困难和挑战，如教学资源的不足、教学方法的单一、教学效果的不理想等，这些都激发了人们对体育教育创新的思考和探索。同时，人们在体育教育的实践中，也会发现各种各样的机遇和可能，如新的体育项目、新的教学技术、新的教学理念等，这些都为体育教育的创新提供了灵感和方向。

实践也是创新的动力，因为实践能够促进创新的实施、检验和完善。例如，人们在体育教育的创新中，需要将自己的想法和方案付诸实践，通过实践来验证创新的可行性和有效性，同时通过实践来发现创新的不足和缺陷，从而进行调整和改进。实践还能够激发人们对创新的热情和信心，因为实践能够让人们看到创新的成果和价值，也能够让人们享受创新的过程和乐趣。

2. 实践基础上的理论创新是社会发展和变革的先导

理论是对实践的总结和概括，它是人类认识和指导实践的工具。理论创新是指在理论的范畴、框架、方法、原则等方面进行的有益的变革和改进，以适应实践的发展和变化。理论创新是建立在实践的基础上的，因为理论是从实践中产生的，也要回归到实践中去。没有实践的基础，理论创新就会变成空中楼阁，脱离了现实和生活。只有在实践的基础上，理论创新才能够反映实践的规律和趋势，也才能够指导实践的发展和变革。

理论创新是社会发展和变革的先导，因为理论创新能够提供社会发展和变革的思想和方向。例如，马克思主义是在资本主义社会的实践基础上产生的一种科学的社会理论，它揭示了社会发展的规律和方向，也指导了无产阶级的革命和社会主义的建设。同样，体育教育的理论创新也能够为体育教育的发展和变革提供思想和方向。例如，体育教育的人文主义理论是在现代社会的实践基础上产生的一种新的体育教育理念，它强调体育教育的人性化、个性化和全面化，也指导了体育教育的改革和创新。

3. 实践没有止境，创新也没有止境

实践是人类与自然和社会的不断的互动和交流，它是人类生存和发展的必要条件。实践没有止境，因为人类的需求和欲望是无限的，自然和社会的变化及发展也是无穷的。人类总是在不断地探索和创造新的实践，以满足自己的需求和欲望，也以适应自然和社会的变化和发展。例如，人类在体育教育的实践中，总是在不断地寻求和创造新的体育项目、新的教学方法、新的教学评价等，以满足自己的身体和心理的需求，也适应社会的变化和发展。

创新是人类对实践的改进和提升，它是人类的智慧和创造力的体现。创新也没有止境，因为人类的智慧和创造力是无限的，实践的改进和提升也是无止境的。人类总是在不断地对实践进行创新，以提高实践的效率和效果，也增加实践的乐趣和意义。例如，人类在体育教育的创新中，总是在不断地对体育教育的理论、内容、方法、手段、评价等进行创新，以提高体育教育的质量和水平，也以增加体育教育的趣味和价值。

（二）教育创新与人的思维特征关系

思维是一种高级、复杂的认知活动，是人脑对客观现实进行的间接和概括的反映。

1. 人的思维与心理过程的关系

人的思维是指人对客观事物的反映和认识，是人的心理活动的高级形式。人的思维可以分为逻辑思维和形象思维，逻辑思维是指用概念、判断、推理等符号语言进行抽象和推理的思维；形象思维是指用感觉、知觉、想象、记忆等具体形象进行直观和再现的思维。人的思维与心理过程有着密切的关系，心理过程是指人的感觉、知觉、记忆、想象、注意、情感、意志、动机等心理活动，它们是人的思维的基础和条件，也是人的思维的表现和结果。人的思维受到心理过程的影响和制约，也反作用于心理过程，使之发生变化和发展。

（1）体育教育创新可以促进人的思维的发展和提高

体育教育创新可以通过丰富和多样化的体育活动，激发人的思维的兴趣和动力，培养人的思维的灵活性和创造性，锻炼人的思维的逻辑性和形象性，提高人的思维的水平和能力。例如，体育教育创新可以引入一些新的体育项目和规则，让学生在参与和体验中，学

习和掌握一些新的知识和技能，发展和运用一些新的策略和方法，解决和应对一些新的问题和挑战，从而促进人的思维的发展和提高。

（2）体育教育创新可以调节和优化人的心理过程

体育教育创新可以通过科学合理的体育活动，调节和优化人的心理过程，使之达到一个良好的状态和平衡。例如，体育教育创新可以通过适度和有趣的体育运动，增强人的感觉和知觉，提高人的注意和记忆，丰富人的想象和创造，改善人的情感和意志，激发人的动机和目标，从而调节和优化人的心理过程。

（3）体育教育创新可以反映和满足人的思维和心理过程的需求

体育教育创新可以根据人的思维和心理过程的特点和规律，设计和实施一些符合人的思维和心理过程的需求的体育活动，使之能够反映和满足人的思维和心理过程的需求。例如，体育教育创新可以根据人的思维的差异和个性，提供一些适合人的思维的难度和风格的体育活动，使之能够反映和满足人的思维的需求。体育教育创新也可以根据人的心理过程的变化和发展，提供一些适合人的心理过程的阶段和特征的体育活动，使之能够反映和满足人的心理过程的需求。

2. 人的思维与个性的心理关系

人的个性是指人的心理特征的总和，是人的心理结构的核心，是人的心理活动的内在动力。人的个性可以分为气质、性格、能力、兴趣、价值观等方面，它们是人的个性的不同层次和维度。人的思维与个性有着密切的心理关系，人的思维受到人的个性的影响和制约，同时反作用于人的个性，使之发生变化和发展。

（1）体育教育创新可以适应和尊重人的思维和个性的多样性

体育教育创新可以认识和了解人的思维和个性的多样性，尊重和保护人的思维和个性的特点和权利，适应和满足人的思维和个性的需求和愿望，提供和保障人的思维和个性的发展和自由。例如，体育教育创新可以根据人的思维和个性的多样性，提供一些个性化和多元化的体育活动，让每个人都能找到适合自己的体育项目和方式，表达自己的思维和个性，享受体育乐趣。

（2）体育教育创新可以培养和提升人的思维和个性的品质和水平

体育教育创新可以通过有益和有意义的体育活动，培养和提升人的思维和个性的品质和水平，使之达到一个更高的境界和标准。例如，体育教育创新可以通过一些具有挑战和竞争的体育活动，培养和提升人的思维的敏捷和创新，个性的坚强和勇敢，能力的协作和领导，兴趣的广泛和深入，价值观的正确和健康，从而培养和提升人的思维和个性的品质和水平。

（3）体育教育创新可以协调和整合人的思维和个性的关系和发展

体育教育创新可以通过合理和科学的体育活动，协调和整合人的思维和个性的关系和发展，使之达到一个和谐平衡的状态和发展。例如，体育教育创新可以通过一些具有合作和交流的体育活动，协调和整合人的思维的逻辑性和形象性，个性的内向和外向，能力的分析和综合，兴趣的理性和感性，价值观的个人和社会，从而协调和整合人的思维和个性的关系和发展。

二、高校学生创造力的培养和开发

（一）人的创造和创造力开发

创造是人类智慧的体现，也是社会进步的动力。创造力是指在一定的条件下，产生新颖、有价值的思想或作品的能力。创造力的发展受到多种因素的影响，其中包括智力因素和非智力因素、显意识和潜意识、形象思维和逻辑思维、求异思维和求同思维等。

1. 创造是智力因素和非智力因素的结晶

创造是一种复杂的心理活动，它不仅需要一定的智力水平，还需要一些非智力的品质和态度。智力因素是创造的基础，它包括知识、经验、智力水平、思维方式等。智力因素决定了创造的可能性和范围，也是创造的原材料和工具。非智力因素是创造的动力，它包括兴趣、动机、情感、个性、信念、价值观等。非智力因素决定了创造的动机和方向，也是创造的激情和灵感。

创造是智力因素和非智力因素的结晶，它们相互作用、相互促进、相互补充。智力因素和非智力因素的平衡和协调是创造力的关键。如果只有智力因素而缺乏非智力因素，创造可能会变得单调、乏味、无趣。而如果只有非智力因素而缺乏智力因素，创造可能会变得空洞、荒诞、无用。因此，创造力的培养需要同时注重智力因素和非智力因素的提高和发展，使之相辅相成、相得益彰。

2. 创造是显意识和潜意识的交融

创造是一种特殊的思维过程，它涉及显意识和潜意识两个层面。显意识是指人们在清醒状态下，能够直接感知和控制的心理活动，它是有目的、有逻辑、有规律的。潜意识是指人们在清醒或非清醒状态下，不能够直接感知和控制的心理活动，它是无目的、无逻辑、无规律的。

创造是显意识和潜意识的交融，它们相互作用、相互渗透、相互转化。显意识是创造的指导和控制，它负责对创造问题进行分析、定义、解决等。潜意识是创造的源泉和动力，它负责对创造问题进行联想、想象、启发等。显意识和潜意识的协调和融合是创造力的关键。如果只有显意识而缺乏潜意识，创造可能会变得刻板、僵化、固定。而如果只有潜意识而缺乏显意识，创造可能会变得混乱、杂乱、无序。因此，创造力的培养需要同时注重显意识和潜意识的调节和激活，使之相互促进、相互平衡。

3. 创造是形象思维与逻辑思维的互补

创造是一种多样的思维方式，它涉及形象思维和逻辑思维两种类型。形象思维是指以感觉、知觉、想象等为主要手段，以具体的形象为主要表现形式的思维方式，它是直观、生动、富有感染力的。逻辑思维是指以概念、判断、推理等为主要手段，以抽象的符号为主要表现形式的思维方式，它是理性、严密、富有说服力的。

创造是形象思维与逻辑思维的互补，它们相互作用、相互支持、相互完善。形象思维是创造的基础和条件，它负责对创造问题进行感知、观察、想象等。逻辑思维是创造的工具和方法，它负责对创造问题进行抽象、分类、推理等。形象思维和逻辑思维的结合和协作是创造力的关键。如果只有形象思维而缺乏逻辑思维，创造可能会变得模糊、片面、不准确。而如果只有逻辑思维而缺乏形象思维，创造可能会变得枯燥、单调、不生动。因此，创造力的培养需要同时注重形象思维和逻辑思维的发展和训练，使之相互协调、相互丰富。

4. 创造是求异思维和求同思维的统一

创造是一种独特的思维策略，它涉及求异思维和求同思维两种倾向。求异思维是指在思维过程中，主动寻找和突出事物之间的差异、矛盾、冲突等，以期产生新颖、有价值的思想或作品的思维倾向，它是创新、突破、变革的。求同思维是指在思维过程中，主动寻找和强调事物之间的相似、一致、和谐等，以期产生合理、有效、适用的思想或作品的思维倾向，它是整合、协调、适应的。

创造是求异思维和求同思维的统一，它们相互作用、相互制约、相互转化。求异思维是创造的动力和源泉，它负责对创造问题进行发现、提出、创新等。求同思维是创造的规范和标准，它负责对创造问题进行验证、评价、改进等。求异思维和求同思维的平衡和调和是创造力的关键。如果只有求异思维而缺乏求同思维，创造可能会变得不切实际、不合理、不可行。而如果只有求同思维而缺乏求异思维，创造可能会变得平庸、陈旧、无新意。因此，创造力的培养需要同时注重求异思维和求同思维的激发和培养，使之相互促进、相互完善。

5. 创造是知觉思维和分析思维的有机结合

知觉思维是一种直观、形象、联想、发散的思维方式，它能够突破常规，发现新的可能性，激发灵感，产生创意。知觉思维的特点是敏锐、敏感、富有想象力和创造力，但也容易受到情绪、偏见、幻想的影响，缺乏逻辑性和客观性。

分析思维是一种理性、抽象、推理、收敛的思维方式，它能够对创意进行评价、筛选、优化、实现。分析思维的特点是严谨、客观、逻辑性和系统性，但也容易受到固有的知识、规则、范式的限制而缺乏灵活性和变通性。

创造是知觉思维和分析思维的有机结合，是在两种思维方式的相互作用和平衡中实现的。创造需要知觉思维提供新颖的创意，也需要分析思维提供有效的实现。创造需要分析思维对知觉思维的创意进行批判性的思考，也需要知觉思维对分析思维的评价进行反思和修正。创造需要在知觉思维和分析思维之间进行不断的切换和整合，以达到最佳的创造效果。

6. 创造是左脑和右脑两个半球的沟通

人的大脑分为左右两个半球，每个半球负责不同的功能和任务。左脑主要负责语言、逻辑、数学、分析等功能，右脑主要负责空间、形象、音乐、艺术等功能。左右脑的功能并不是绝对的，而是相互补充和协调的，左右脑之间通过胼胝体进行信息的交流和整合。

创造是左脑和右脑两个半球的相互沟通，是在左右脑的功能和特点的协调和融合中实现的。创造需要左脑的语言和逻辑能力，也需要右脑的形象和音乐能力。创造需要右脑的空间和艺术能力，也需要左脑的数学和分析能力。创造需要左右脑之间的信息和信号的交换和整合，以达到最佳的创造效果。

创造力是左右脑协同作用的结果，是左右脑的平衡和和谐的体现。创造力不是一种天赋或才能，而是一种可以通过训练和锻炼提高和发展的能力。创造力的培养和提高需要增强左右脑的功能和特点，也需要增强左右脑之间的沟通和联系。创造力的培养和提高需要平衡左右脑的使用和负荷，也需要平衡左右脑的活跃和休息。创造力的培养和提高需要在左右脑的协作和竞争中进行不断的调整和优化，以达到最佳的创造效果。

7. 创造是元认知监控的过程

元认知是指对自己的认知过程和策略的认识、监控和调节的能力。元认知包括元认知知识和元认知技能两个方面。元认知知识是指对自己的认知能力、任务的难易程度、适用的策略的了解和评估。元认知技能是指对自己的认知过程和策略的计划、执行、检查和修正的能力。

创造是元认知监控的过程，是在元认知知识和元认知技能的指导和调控中实现的。创造需要元认知知识对自己的创造能力、创造任务、创造策略进行合理的选择和安排。创造需要元认知技能对自己的创造过程和策略进行有效的实施和评估。创造需要在元认知知识和元认知技能之间进行不断的反馈和改进,以达到最佳的创造效果。

元认知是创造力的重要因素,是创造力的提高和发展的关键。元认知能够帮助创造者认识自己的创造潜能和创造目标,选择合适的创造方法和创造环境,监控和调节自己的创造思维和创造情绪,检查和评价自己的创造成果和创造价值,修正和完善自己的创造过程和创造策略。元认知能够提高创造者的创造效率和创造质量,增强创造者的创造信心和创造满足,促进创造者的创造成长和创造发展。

(二)高校学生创造力的培养及开发

1. 帮助学生树立目标和意图,强化内在动机

创造力的产生,需要有一个明确的目标和意图,也就是说,需要有一个解决问题或满足需求的动机。而动机又分为内在动机和外在动机,前者是指源于个人的兴趣、价值、满足感等内部因素,后者是指源于奖励、惩罚、压力等外部因素。研究表明,内在动机对于创造力的激发和维持,有着更为积极的作用。因此,高校教育应该帮助学生树立正确的目标和意图,让他们明白自己为什么要学习,为什么要创造,为什么要解决问题,从而激发他们的内在动机,增强他们的自主性和主动性。

具体而言,高校教育可以采取以下措施:

①提供有意义的学习任务和创造性的挑战。高校教育应该根据学生的兴趣和水平,提供一些与实际生活或社会问题相关的学习任务和创造性的挑战,让学生感受到学习和创造的意义和价值,从而激发他们的内在动机。例如,可以让学生参与一些科研项目、创新竞赛、社会实践等活动,让他们在实践中发现问题、解决问题、创造价值。

②尊重和支持学生的选择和决策。高校教育应该尊重和支持学生的选择和决策,让他们有更多的自主权和话语权,从而增强他们的自信和责任感。例如,可以让学生自主选择学习的内容、方式、速度、评价等,也可以让学生自主确定创造的主题、方法、过程、标准等,同时给予他们必要的指导和反馈。

③鼓励和肯定学生的努力和进步。高校教育应该鼓励和肯定学生的努力和进步,让他们感受到学习和创造的乐趣和满足,从而增强他们的自我效能和持续性。例如,可以给予学生一些正向的评价和奖励,不仅关注学生的成果,更关注学生创造成果的过程,不仅关注学生的优势,更关注学生的潜能,不仅关注学生的表现,更关注学生的成长。

2. 帮助学生掌握核心技能和专业知识,加强有利于创造的思维方式训练

创造力的实现,需要有一定的核心技能和专业知识,也就是说,需要有一定的能力和素养。核心技能包括观察、分析、推理、表达、协作等基本的认知和社会技能,专业知识

包括学科、领域、领域交叉等相关的理论和实践知识。有利于创造的思维方式，包括具备开放、灵活、批判、发散、整合等特征的思维方式。高校教育应该帮助学生掌握核心技能和专业知识，加强有利于创造的思维方式训练，为学生的创造力提供必要的基础和条件。

具体而言，高校教育可以采取以下措施：

①提供多元的学习资源和创造性的学习环境。高校教育应该提供多元的学习资源和创造性的学习环境，让学生有更多的机会和渠道，获取和掌握核心技能和专业知识，从而拓宽他们的视野和视角，增加他们的信息和素材。例如，可以利用图书馆、网络、媒体等资源，为学生提供丰富的文献、数据、案例等资料，也可以利用实验室、工作室、社团等环境，为学生提供多样的设备、工具、人员等条件。

②提供互动式的学习方法和创造性的学习过程。高校教育应该提供互动式的学习方法和创造性的学习过程，让学生有更多的方式和途径，运用和发展核心技能和专业知识，从而提高他们的能力和素养，增强他们的创造力。例如，可以采用讨论、研讨、辩论等方法，让学生在交流和合作中，锻炼和提升观察、分析、推理、表达、协作等能力，也可以采用探究、项目、设计等方式，让学生在实践和创造中，运用和拓展学科、领域、领域交叉等知识。

③提供启发式的学习策略和创造性的学习评价。高校教育应该提供启发式的学习策略和创造性的学习评价，让学生有更多的指导和反馈，培养和加强有利于创造的思维方式，从而激发他们的潜能和创意，增强他们的创造力。例如，可以使用问题、难题、假设等策略，引导学生进行开放、灵活、批判、发散、整合等思维方式的训练，也可以使用自评、互评、专家评等评价方式，促进学生进行创造力的自我监控和自我提升。

3. 激发与奖励学生的好奇心与探索精神

创造力的表现，需要有一定的好奇心和探索精神。好奇心是指对未知事物的兴趣和求知欲，探索精神是指对新颖事物的尝试和冒险意愿。高校教育应该激发和奖励学生的好奇心和探索精神，为学生的创造力提供必要的动力和氛围。

具体而言，高校教育可以采取以下措施：

①提供多样化的创造性机会和创造性的榜样。高校教育应该提供多样化的创造性机会和创造性的榜样，让学生有更多的可能和参照，激发和满足他们的好奇心和探索精神，从而增加他们的创造性体验和创造性信念。例如，可以邀请一些创造性的专家、学者、企业家等人士，为学生进行有关创造性的讲座、演示、展示等活动，也可以组织一些创造性的访问、考察、交流等活动，让学生接触一些创造性的机构、团体、项目等资源。

②提供宽松的创造性氛围和创造性的支持。高校教育应该提供宽松的创造性氛围和

创造性的支持，让学生有更多的自由和安全，激发和保护他们的好奇心和探索精神，从而减少他们的创造性焦虑和创造性障碍。例如，可以营造一种包容、鼓励、尊重、信任的氛围，让学生不怕失败、不怕批评、不怕冲突、不怕风险，也可以提供一种物质、精神、情感、社会的支持，让学生有足够的时间、空间、资金、人脉等条件去创造。

③提供合理的创造性要求和创造性的奖励。高校教育应该提供合理的创造性要求和创造性的奖励，让学生有更多的压力和动力，激发和调节他们的好奇心和探索精神，从而提高他们的创造性动力和创造性效果。例如，可以制定一些创造性的目标、标准、期限、规则等要求，让学生的创造有一定的挑战、竞争、责任、规范，也可以给予一些创造性的认可、赞扬、奖金、荣誉等奖励，让学生有一定的满足、自豪、成就、荣耀。

三、体育教育智慧思维发展

（一）体育教育智慧思维发展的优势

1. 智慧体育教育更加提倡学生的主体地位

传统的体育教育往往以教师为中心，教师通过讲解、示范、指导等方式，传授给学生一些固定的体育知识和技能，学生的作用主要是被动地接受和模仿。这种教育模式很难激发学生的主动性和兴趣，也不利于培养学生的自主学习和探究能力。

智慧体育教育则更加强调学生的主体地位，教师的角色从传授者转变为引导者和协助者，学生的角色从接受者转变为参与者和创造者。智慧体育教育利用信息技术和智能设备，为学生提供了更多的个性化、多样化和互动化的学习资源和方式，使学生能够根据自己的兴趣、需求和能力，选择合适的学习内容和方法，进行自主、合作和探究式的学习。这样，学生不仅能够获得更多的体育知识和技能，还能够培养自己的思维能力、判断能力和决策能力，提高自己的学习效率和质量。

2. 智慧体育教育更能培养学生的创新思维

智慧体育教育能够有效地培养学生的创新思维，因为它能够为学生提供更多的创新的机会和条件。智慧体育教育利用信息技术和智能设备，为学生提供了更多的信息、数据和反馈，使学生能够更加全面、深入和客观地了解自己的体育状况和问题，从而提出更加合理和有效的改进和优化的方案。智慧体育教育也为学生提供了更多的实践、模拟和展示的平台，使学生能够更加灵活、自由和多元地表达自己的体育观点和想法，从而激发自己的想象力、创造力和批判性思维。智慧体育教育还为学生提供了更多的交流、合作和竞争的机会，使学生能够更加广泛、深入和有效地与他人分享和交流自己的体育经验和成果，从而拓展自己的视野、增强自己的信心和提高自己的水平。

3. 智慧体育教育更易形成学生的终生体育意识

终生体育意识是指能够在不同的年龄阶段，根据自己的身体状况和社会环境，选择合适的体育活动，保持适度的体育锻炼，以维持和提高自己的身体健康和生活质量的一种意识。终生体育意识是现代人的一种必要的生活态度和习惯，对于预防和减少各种疾病和不良情绪，增强自己的抵抗力和适应力，延长自己的寿命和幸福感，具有重要的作用。

智慧体育教育能够有效地培养学生的终生体育意识，因为它能够为学生提供更多体育动力和乐趣。智慧体育教育利用信息技术和智能设备，为学生提供了更多的体育的目标和奖励，使学生能够更加清晰、准确和及时地了解自己的体育成绩和进步，从而增强自己的体育自信和自豪。智慧体育教育也为学生提供了更多的体育的选择和变化，使学生能够更加多样、丰富和有趣地参与各种体育活动，从而增加自己的体育的兴趣和乐趣。智慧体育教育还为学生提供了更多的体育的支持和服务，使学生能够更加方便、安全和舒适地进行体育锻炼，从而增强自己的体育的责任和习惯。

4. 智慧体育教育能够有效降低教学过程中意外事故发生概率

智慧体育教育通过技术手段显著提高了体育教学的安全性。由于体育课程本质上涉及身体活动，学生在运动及练习中的身体状况监测显得尤为重要。在传统的线下体育教学中，教师往往难以实时了解学生在练习过程中的身体状况，这在一定程度上增加了课堂上意外事故的风险。而智慧体育教育通过引入可穿戴设备，能够及时将学生的生理和运动数据反馈给教师。利用这些数据，教师可以实时监控学生的身体状况，对于生理数据异常的学生，及时采取必要的措施，如调整训练强度及时间，确保学生安全。此外，智慧体育教育还结合线上平台，为学生提供关于运动损伤预防的课程，这些课程不仅能帮助学生理论上了解运动损伤的原因和应急处理方法，还能在实际运动中起到预防作用。这些措施共同作用于降低体育教学中意外事故的发生概率，增强了教学过程的科学性和安全性。

（二）体育教育智慧思维发展的路径

1. 基础支撑路径建设

①建立健全体育教育智慧思维发展的目标体系，明确体育教育智慧思维的内涵、层次、标准和评价方法，使之与学生的年龄特征、学习需求和社会期待相适应，形成体育教育智慧思维发展的导向和动力。

②完善体育教育智慧思维发展的课程体系，丰富体育教育的内容、形式和方法，注重体育教育的多元化、个性化和开放化，激发学生的兴趣、动机和创造力，培养学生的体育

技能、体育知识和体育情感，提高学生的体育素养和体育能力。

③优化体育教育智慧思维发展的环境体系，营造有利于体育教育智慧思维发展的物质环境、人文环境和社会环境，提供充足的体育场地、设施和器材，建立和谐的师生关系、同伴关系和家校关系，拓展多样的体育活动、交流和合作的平台和渠道。

2. 动力加速路径建设

①引导学生树立体育教育智慧思维发展的自主意识，培养学生的自主学习、自主探究、自主创新的能力和习惯，使学生能够主动参与体育教育，主动寻求体育教育的问题和解决方案，主动表达体育教育的观点和感受，主动实现体育教育的价值和目标。

②激发学生形成体育教育智慧思维发展的内在动机，培养学生的体育兴趣、体育自信、体育乐趣和体育责任，使学生能够从体育教育中获得满足感、成就感、归属感和自豪感，从而增强学生的体育教育智慧思维发展的内在驱动力。

③塑造学生形成体育教育智慧思维发展的外在动机，培养学生的体育目标、体育期望、体育规范和体育信念，使学生能够根据自身的实际情况，制订合理的体育教育智慧思维发展的目标和计划，根据社会的需求和评价，调整自己的体育教育智慧思维发展的期望和策略，根据体育教育的规则和道德，遵守自己的体育教育智慧思维发展的规范和信念。

3. 监督实施路径建设

①建立科学的体育教育智慧思维发展的评价体系，采用多元的体育教育智慧思维发展的评价方法，如观察、记录、访谈、问卷、测试、作品等；采用多维的体育教育智慧思维发展的评价指标，如过程、结果、效果、影响等；采用多角的体育教育智慧思维发展的评价主体，如教师、学生、家长、同伴、专家等，以客观、全面、公正地评价学生的体育教育智慧思维发展的水平和特点。

②建立有效的体育教育智慧思维发展的反馈体系，及时、准确、具体地向学生反馈体育教育智慧思维发展的评价结果，如优点、缺点、进步、不足等；及时、合理、适度地向学生提供体育教育智慧思维发展的评价建议，如表扬、鼓励、指导、督促等；及时、有效、灵活地向学生提供体育教育智慧思维发展的评价支持，如资源、环境、机会、策略等，以促进学生的体育教育智慧思维发展的改进和提高。

4. 激励奖惩路径建设

①建立合理的体育教育智慧思维发展的激励机制，根据学生的体育教育智慧思维发展的目标、动机、水平和特点，设计不同的激励方式，如赞扬、奖励、荣誉、竞争、合作等；设计不同的激励内容，如知识、技能、情感、态度、价值等；设计不同的激励时机，

如前置、过程、后续等，以激发学生的体育教育热情。

②建立公正的体育教育智慧思维发展的奖惩机制，根据学生的体育教育智慧思维发展的表现、进步、贡献和影响，设计不同的奖惩方式，如表彰、奖金、证书、惩戒、批评、警告等；设计不同的奖惩内容，如成绩、水平、素养、能力、品德等；设计不同的奖惩时机，如定期、不定期、紧急等，以促进学生的体育教育智慧思维发展的规范和优化。

体育教育智慧思维发展的路径，是指为体育教育智慧思维发展提供有效的指导和支持的路径，是体育教育智慧思维发展的重要保障和推动力。体育教育智慧思维发展的路径，应该根据学生的特点、需求和发展规律，结合体育教育的目标、内容和方法，综合考虑体育教育的环境、评价和激励等因素，构建基础支撑、动力加速、监督实施和激励奖惩等四个方面的路径，以实现体育教育智慧思维发展的最大化和最优化。

第四节　终身体育学习新的实践场域

终身体育教育思想的确立和践行为高等教育体育教学改革工作提供了重要方向，终身体育意识是指个体保持终身参与体育锻炼的兴趣，在坚持体育锻炼的过程中提升身体素质、磨炼意识、发展品质的科学观念与正确认知。终身体育教育思想基于人体发展规律和体育锻炼对人体产生的影响，强调引导学生广泛参与体育活动，为学生的全面发展提供重要支持，让学生的身心协调发展、智力和体力协同提升。为培养适应现代社会发展环境的新型高等教育人才，现代高等院校必须重视体育教学改革工作，引导学生树立终身体育意识，构建完善的、全面的人才培养模式。

一、终身体育的特点

（一）终身性

终身体育强调人的一生都应该参与体育活动，从少年到老年，从学校到社会，从工作到休闲，从健康到疾病，从平时到特殊情况，都要保持适度的体育锻炼，以维持和提高身体机能，预防和治疗各种疾病，延缓衰老，增强抵抗力，促进心理平衡，提高生活满意度。终身体育不仅是一种生活方式，也是一种生命态度，是对自己和社会负责。

（二）多元性

终身体育包含多种形式和内容的体育活动，如竞技体育、健身体育、娱乐体育、休闲体育、社会体育、文化体育等，涵盖了传统的体育项目，也包括了新兴的体育项目，如舞蹈、瑜伽、太极拳、武术、轮滑、攀岩、潜水、滑雪等。终身体育尊重每个人的个性和喜好，鼓励每个人根据自己的兴趣、能力、条件和目标，选择适合自己的体育活动，享受体育的乐趣，发展体育的潜能，实现体育的价值。

（三）全民性

终身体育面向全体民众，不分性别、年龄、职业、地域、民族、宗教、文化、经济、政治等，不论身体状况、社会地位、教育水平、生活环境等，都有权利和义务参与体育活动，享受体育的益处，履行体育的责任，贡献体育的力量。终身体育倡导全社会的体育参与和体育服务，以此推动体育的普及和发展，促进体育的公平和正义，建设体育的和谐和文明。

二、基于培养大学生终生体育意识的高校体育教学改革思路

（一）践行终身体育文化理念，营造良好的体育教育氛围

高校是培养终身体育意识的重要阵地，也是体育教学改革的关键领域。高校体育教学应该以终身体育为指导，以学生为中心，以体育素养为目标，以多元化为特征，以创新为动力，以服务为宗旨，构建符合时代要求和学生需求的体育教学体系，培养学生的终身体育意识和能力。

为了实现这一目标，高校体育教学应该践行终身体育文化理念，营造良好的体育教育氛围，具体措施包括：

1. 加强体育理论教育，提高学生的体育认知水平

体育理论教育是培养终生体育意识的基础，它可以帮助学生了解体育的本质、价值、功能、规律、方法等，增强学生的体育兴趣、动机、信心、责任感等，培养学生的体育自主性、主动性、创造性等。高校体育教学应该将体育理论教育与体育实践教育相结合，采用多种教学形式，如讲座、讨论、案例、小组、项目、网络等，使学生在理解、分析、评价、应用等方面得到全面的发展。

2. 丰富体育实践教育，提高学生的体育技能水平

体育实践教育是培养终身体育意识的核心，它可以帮助学生掌握各种体育技能，提

高身体素质，增强健康水平，培养团队精神，提升社会适应能力。高校体育教学应该将体育实践教育与体育理论教育相结合，采用多种教学内容，如基本运动、竞技运动、休闲运动、健身运动、传统运动、创新运动等，使学生在动作、技巧、策略、规则等方面得到全面的提高。

3. 拓展体育拓展教育，提高学生的体育拓展水平

体育拓展教育是培养终身体育意识的延伸，它可以帮助学生拓展体育视野，增加体育经验，丰富体育生活，提高体育品味，培养体育情感，实现体育价值。高校体育教学应该将体育拓展教育与体育理论教育、体育实践教育相融合，采用多种教学途径，如社团、竞赛、活动、交流、服务、旅游等，使学生在认识、参与、享受、分享等方面得到全面的拓展。

4. 优化体育教学管理，提高学生的体育参与水平

体育教学管理是培养终身体育意识的保障，它可以帮助学生建立良好的体育学习习惯，保持稳定的体育学习动力，提升有效的体育学习效果，培养持续的体育学习能力。高校体育教学应该优化体育教学管理，采用多种教学策略，如激励、反馈、评价、奖惩、督导、指导等，使学生在计划、执行、监控、调整等方面得到全面的支持。

（二）提升教师的业务水平，优化体育课堂教学效果

首先，教师应该具备扎实的专业知识和技能，能够根据不同的课程内容和学生特点，设计合理的教学目标和计划，选择适当的教学方法和手段，实施有效的教学过程和评价，以达到预期的教学效果。教师应该不断更新自己的专业知识和技能，了解体育教学的最新理论和实践，掌握体育科学的前沿动态和发展趋势，提高自己的教学水平和创新能力。

其次，教师应该注重培养大学生的体育兴趣和动机，激发他们的体育学习欲望和主动性，引导他们树立正确的体育观和价值观，培养他们的体育自信和自我效能感，促进他们的体育情感和态度的积极变化。教师应该根据大学生的个性和需求，采用多样化的教学策略和手段，如情境教学、任务教学、合作学习、游戏教学等，增加体育课堂的趣味性和挑战性，提高体育课堂的参与度和互动性，使大学生在体育课堂中获得愉悦的体验和满足的感受，从而形成持久的体育兴趣和动机。

最后，教师应该重视培养大学生的体育能力和素养，提高他们的体育技能和健康水平，增强他们的体育适应能力和创造能力，拓展他们的体育视野和知识面，培养他们的体育思维和判断能力，促进他们的体育行为和习惯的良好养成。教师应该根据大学生的实际水平和潜能，采用差异化的教学方法和手段，如个性化教学、分层教学、自主学习、反馈

教学等，实现体育课堂的个性化和多维化，提高体育课堂的有效性和针对性，使大学生在体育课堂中获得适度的挑战和成功，从而形成稳定的体育能力和素养。

综上所述，提升教师的业务水平，优化体育课堂教学效果，是高校体育教学改革的重要思路，也是实现培养大学生终身体育意识的有效途径。教师应该不断完善自己的专业素养和教学技能，关注大学生的体育兴趣和动机，培养大学生的体育能力和素养，为大学生的终身体育发展奠定坚实的基础。

（三）优化体育教学环境，培养学生的体育锻炼能力

1. 丰富体育课程的内容和形式，满足学生的个性化需求和兴趣

高校体育课程应该根据学生的年龄、性别、身体状况、专业特点等因素，设置多样化的体育项目，如球类、田径、武术、舞蹈、瑜伽、健身等，让学生有更多的选择，激发学生的学习动机。同时，体育课程应该采用多种教学形式，如讲授、示范、实践、游戏、竞赛、自主学习等，增加体育课程的趣味性和互动性，提高学生的参与度和主动性。

2. 改进体育教学的方法和手段，提高体育教学的效率和质量

高校体育教师应该运用现代教育技术，如多媒体、网络、智能设备等，辅助体育教学，使体育教学更加生动、直观、灵活。同时，体育教师应该注重培养学生的体育理论知识和实践技能，教会学生如何科学地制订和执行体育锻炼计划，如何预防和处理体育运动中的常见伤病，如何评价和反馈体育锻炼的效果，使学生能够在课堂外自主地进行体育锻炼，形成终生体育的习惯。

3. 完善体育教学的设施和资源，保障体育教学的条件和质量

高校应该加大对体育教学的投入，建设和维护适合各种体育项目的场地、器材、设备等，满足体育教学的基本需求。同时，高校应该充分利用社会资源，如体育场馆、体育俱乐部、体育协会等，拓展体育教学的空间和渠道，为学生提供更多的体育锻炼的机会和平台。

4. 创新体育教学的评价和激励，激发学生的体育锻炼的动力和信心

高校体育教学的评价应该从单一的考试成绩转变为多维的综合评价，考察学生的体育知识、技能、态度、习惯等方面，反映学生的体育锻炼的全过程和全面效果。同时，体育教学的激励应该从单一的奖惩制度转变为多元的激励机制，采用成绩奖励、荣誉表彰、物质奖励、精神鼓励等方式，激发学生的体育锻炼的积极性和主动性。

通过优化体育教学环境，培养学生的体育锻炼能力，高校体育教学可以有效地培养大

学生的终身体育意识，使学生能够在毕业后继续参与体育锻炼，享受体育带来的健康和快乐，为社会的发展和进步做出贡献。

（四）建立完善的管理体制，为大学生课外锻炼提供便利

①增加体育场地和设施的投入，提高体育场地和设施的利用率和质量，满足大学生多样化的体育需求。例如，可以建设更多的室内体育馆，增设一些新兴的体育项目，如攀岩、滑板、羽毛球等，也可以改善一些传统的体育项目，如足球、篮球、乒乓球等的场地和设备，让大学生有更多的选择和体验。

②制定合理的体育场地和设施的开放时间和管理制度，保证大学生课外锻炼的时间和空间，避免出现体育场地和设施的闲置或拥挤。例如，可以根据不同的季节和体育项目，制定不同的开放时间和预约方式，也可以根据不同的学院和专业，制定不同的使用优先权和分配比例，让大学生能够合理安排自己的课外锻炼时间。

③建立有效的体育场地和设施的监督和维护机制，保证体育场地和设施的安全和卫生，避免出现体育场地和设施的损坏或污染。例如，可以设立专门的体育场地和设施的管理部门，负责体育场地和设施的日常检查和维修，也可以制定一些体育场地和设施的使用规范和惩罚措施，让大学生能够自觉遵守体育场地和设施的使用规则，爱护体育场地和设施等公共资源。

（五）优化教学评价体系，推动终身体育教育目标落实

1. 突出终身体育教育的理念和目标

高校体育教育应该以终身体育为指导，明确教育的宗旨和任务，即培养大学生具备自主、自律、自我管理的体育行为能力，使他们能够在毕业后继续参与体育活动，享受体育的乐趣，受益于体育的效果。高校体育教师应该在教学中强调终生体育的重要性和必要性，激发大学生的体育兴趣和动机，引导他们树立正确的体育观和价值观，培养他们的终身体育意识和习惯。

2. 丰富和多样化教学内容，满足大学生的个性化需求

高校体育教育应该根据大学生的年龄特点、身体状况、兴趣爱好、专业背景等，设计和提供丰富和多样化的教学内容，包括基本的体育技能、运动知识、健康教育、体育文化等，以适应不同的学习目的和需求。高校体育教育应该开设更多的选修课和课外活动，让大学生有更多的选择权和自主权，增加他们的参与度和满意度。高校体育教育应该注重培养大学生的综合素质，不仅关注他们的身体发展，也关注他们的心理、情感、社会、道德

等方面的发展，使他们能够全面地受益于体育教育。

3.改革和完善教学方法，提高教学效果和质量

高校体育教育应该采用更加灵活和创新的教学方法，如情境教学、合作学习、探究学习、项目学习等，以激发大学生的学习兴趣，提高他们的学习能力，培养他们的创造能力和批判性思维。高校体育教育应该利用现代信息技术，如网络、多媒体、智能设备等，丰富教学资源，拓展教学空间，优化教学环境，提升教学水平。高校体育教育应该加强教师的专业技术，提高教师的教学能力和素养，建立教师的终身学习制度，促进教师的持续成长。

4.优化教学评价体系，促进终生体育教育目标的落实

高校体育教育应该建立一个科学、合理、公正、有效的教学评价体系，以反映和促进终生体育教育的目标和过程。高校体育教育应该采用多元化的评价方式，如自我评价、同伴评价、教师评价、外部评价等，以评价大学生的体育知识、技能、态度、行为等各个方面，以及他们的进步和成就。高校体育教育应该注重评价的反馈和改进，及时地向大学生提供评价结果和建议，帮助他们认识自己的优势和不足，制订和调整自己的学习计划和目标，提高自己的学习效果。

第四章 数字化时代下体育教育管理面临的挑战与机遇

第一节 数字化带来的机遇

随着体育教育事业的蓬勃发展，数字化体育教育战略也正在发挥着重要作用。党的二十大报告明确提出："推进教育数字化，建设全民终身学习的学习型社会、学习型大国。"教育数字化发展已成为全球共识。联合国和世界各国都在积极行动，把数字教育作为应对危机挑战、开启光明未来的重要途径和举措。联合国教科文组织倡导构建新的"社会契约"，充分发挥数字技术带来的教育红利，更好地彰显教育作为全球公共利益的属性。各方的有效行动，必将使"学会学习、学会共处、学会做事、学会做人"的教育"四大支柱"在数字时代更加厚实有力、成效显著。

数字化体育教育战略改变了传统的体育教育模式，提供了更加方便快捷的学习方式。数字化体育教育战略为学生提供了全新的学习环境，极大地改善了传统的体育教育方式，使得学习能够更加轻松、有趣、高效。数字化体育教育战略使用数字技术来存储、管理和传递信息，可以提高体育教育质量，增强体育教育管理的效率和准确性，实现体育教育管理的自动化和智能化，使体育教育管理更加科学、高效。数字化体育教育战略可以将学习者与体育教育资源连接起来，在体育教育界发挥重要作用，使学习者能够更好地发掘自己的潜力。

随着体育教育数字化科研水平的不断发展，数字化体育教育集体育教育技术、信息技术和体育教育理念于一体，是实现体育教育改革和发展的重要途径。体育教育数字化战略行动支撑体系必须构建全面数字化的体育教育管理系统，以数字化技术为支撑，实现网络化管理，实行体育教育信息化、沟通协作、管理自动化，提高体育教育管理的效率和效果。同时，构建数字化的学习环境，实现学习资源共享、学习自主化，提高学习质量和效率，进而实施科学化的体育教育改革，实现信息化、价值化、创新化的改革，达成体育教育与社会更高层次地协调发展。

一、数字化给体育教育带来的机遇

（一）教学内容数字化

数字化给体育教学内容带来了丰富和拓展的机会，使体育教育的内容更加多元化、个性化和智能化。

1. 多元化

数字化可以使体育教育的内容覆盖更多的体育项目、知识和技能，不受地域、时间、设备等条件的限制，满足不同学习者的需求和兴趣。例如，通过数字化的手段，学习者可以接触到一些传统体育教育难以涉及的体育项目，如高尔夫、滑雪、潜水等，也可以学习到一些新兴的体育项目，如电子竞技、舞蹈运动、极限运动等，丰富了体育教育的内容。

2. 个性化

数字化可以使体育教育的内容更加适应每个学习者的特点、程度和目标，实现个性化的学习路径和进度，提高学习者的学习效率和满意度。例如，通过数字化的手段，学习者可以根据自己的身体状况、运动能力、健康需求等，选择合适的体育项目、难度和强度，也可以根据自己的学习进展和反馈，调整学习计划和策略，实现个性化的学习。

3. 智能化

数字化可以使体育教育的内容更加智能化，利用人工智能、大数据、云计算等技术，实现对学习者的智能分析、评估和指导，提高学习者的学习效果和体验。例如，通过数字化的手段，学习者可以通过智能设备和软件，实时监测和记录自己的运动数据，如心率、步数、卡路里等，也可以通过智能教练和助手，获得专业的运动建议、反馈和激励，实现智能化的学习。

（二）教学环境数字化

教学环境是体育教育的基础，它决定了体育教育的场所、设施和氛围。数字化给教学环境带来了创造和改善的机会,使体育教育的环境更加便捷、舒适和有趣。

1. 便捷

数字化可以使体育教育的环境更加便捷,突破传统的体育教育场所的限制,实现随时随地的体育教育,节省学习者的时间和成本。例如,通过数字化的手段,学习者可以在家、办公室、公园等任何地方,通过手机、电脑、电视等设备,接受在线的体育教育,无须前往专业的体育场馆或健身房,也无须担心天气、交通、人群等因素,实现便捷的体育教育。

2. 舒适

数字化可以使体育教育的环境更加舒适,改善传统的体育教育设施的质量和安全性能,实现更加舒适和安全的体育教育,保护学习者的身体健康。例如,通过数字化的手段,学习者可以使用更加先进和智能的体育设备和器材,如智能跑步机、智能手环、智能瑜伽垫等,这些设备和器材可以根据学习者的身体状况和运动需求,自动调节运动参数和模式,也可以预防和报警运动风险对身体的伤害,实现舒适的体育教育。

3. 有趣

数字化可以使体育教育的环境更加有趣,并增强传统的体育教育的趣味性和互动性,实现更加有趣和互动性更强的体育教育,激发学习者的兴趣和动力。例如,通过数字化的手段,学习者可以使用更加丰富多样的体育游戏和应用,如虚拟现实、增强现实、体感游戏等,这些游戏和应用可以模拟和创造各种有趣的体育场景和任务,也可以与其他学习者进行在线的竞争或合作,实现有趣的体育教育。

(三)教学方法数字化

教学方法是体育教育的手段,它决定了体育教育的过程、方式和策略。数字化给教学方法带来了优化和创新的机会,使体育教育的方法更加灵活、有效和多样。

1. 灵活

数字化可以使体育教育的方法更加灵活,打破传统的体育教育的固定和单一的教学模式,实现更加灵活和多元的教学模式。例如,通过数字化的手段,学习者可以根据自己的喜好和需求,选择不同的教学形式,如同步或异步、线上或线下、个人或团体等,也可以根据自己的情况和目标,选择不同的教学角色,如主动或被动、学习者或教师等,实现灵活的体育教育。

2. 有效

数字化可以使体育教育的方法更加有效，提高传统的体育教育的教学质量和效果，实现更加高效的体育教育。例如，通过数字化的手段，学习者可以利用更加丰富和精准的教学资源和信息，如视频、音频、图像、文本等，也可以利用更加科学和系统的教学方法和策略，如演示、模拟、反馈、评价等，实现有效的体育教育。

3. 多样

数字化可以使体育教育的方法更加多样，增强传统的体育教育的教学创新和变化，实现更加多样和有趣的体育教育。例如，通过数字化的手段，学习者可以尝试更加新颖有趣的教学方法和策略，如游戏化、情境化、社交化等，也可以结合其他学科和领域的知识和技能，如数学、物理、艺术等，实现多样的体育教育。

（四）教学资源数字化

教学资源是体育教育的支撑，它决定了体育教育的素材、工具和服务。数字化给教学资源带来了共享和整合的机会，使体育教育的资源更加丰富、便利和优质。

1. 丰富

数字化可以使体育教育的资源更加丰富，扩大传统的体育教育的资源范围和数量，实现更加丰富和全面的体育教育。例如，通过数字化的手段，学习者可以获取更加广泛和深入的体育知识和信息，如体育理论、体育史、体育文化等，也可以获取更加多样和专业的体育技能和经验，如体育技巧、体育规则、体育案例等，实现丰富的体育教育。

2. 便利

数字化可以使体育教育的资源更加便利，简化传统体育教育的资源获取和使用的过程和难度，实现更加便利和快捷的体育教育。例如，通过数字化的手段，学习者可以通过网络和平台，轻松地搜索和下载各种体育资源，如教材、课件、视频等，也可以通过设备和软件，方便地浏览和播放各种体育资源，如图片、音频、动画等，实现便利的体育教育。

3. 优质

数字化可以使体育教育的资源更加优质，提升传统的体育教育的资源质量和水平，实现更加优质和高端的体育教育。例如，通过数字化的手段，学习者可以通过认证和评价，筛选和选择更加权威和可信的体育资源，如专家、机构、论文等，也可以通过更新和改进，获取和使用更加先进和完善的体育资源，如标准、技术、方法等，实现优质的体育教育。

（五）教学管理数字化

教学管理数字化是指利用信息技术和网络平台，对教学过程和教学效果进行有效的管理和评估，以提高教学质量和效率，促进教学改革和创新。教学管理数字化的实施，可以从以下五个方面展开：

1. 加强网络建设，建立数字化教学管理系统

网络是教学管理数字化的基础和载体，网络的质量和稳定性直接影响教学管理数字化的实施效果。因此，需要加强网络建设，提高网络的覆盖率、速度和安全性，为教学管理数字化提供稳定可靠的网络支持。同时，需要建立数字化教学管理系统，将教学管理的各个环节和要素，如教学计划、教学内容、教学方法、教学评价等，通过网络实现数据交换和信息共享，形成一个统一的、动态的、透明的教学管理平台，方便教师、学生和管理者的沟通和协作。

2. 完善教学文件管理体系，将课程计划、教学大纲、教学方案等文件进行数字化

教学文件是教学管理的重要依据和参考，教学文件的质量和规范性直接影响教学管理的水平和效果。因此，需要完善教学文件管理体系，将课程计划、教学大纲、教学方案等文件进行数字化，按照统一的格式和标准进行编制、审核、存储和更新，实现教学文件的全面规范管理。通过数字化教学文件管理体系，可以提高教学文件的质量和可用性，方便教师和学生的查阅和使用，也便于教学管理者的监督和评估。

3. 完善教学成绩管理体系，将学生的课堂考勤、作业、考试等成绩进行数字化

教学成绩是教学管理的重要指标和反馈，教学成绩的准确性和及时性直接影响教学管理的效果和效率。因此，需要完善教学成绩管理体系，将学生的课堂考勤、作业、考试等成绩进行数字化，按照统一的规则和标准进行记录、汇总、分析和反馈，实现教学成绩的全面管理。通过数字化教学成绩管理体系，可以提高教学成绩的客观性和公正性，方便教师和学生的查询和核对，也便于教学管理者对学生进行考核和奖惩。

4. 实施教学资源管理体系，将教学资源进行数字化处理，便于教师管理和分发，提高教学管理效率

教学资源是教学管理的重要支撑和保障，教学资源的丰富性和有效性直接影响教学管理的质量和创新。因此，需要实施教学资源管理体系，将教学资源进行数字化处理，按照统一的分类和标签进行组织、存储和检索，实现教学资源的全面管理。通过数字化教学资源管理体系，可以提高教学资源的利用率和共享率，方便教师管理和分发，也便于教学管理者的监控和优化。

5. 实施教职员工管理体系，实现对教职员工的数字化管理，实现教职员工"精强化"有效管理

教职员工是教学管理的主体和核心，教职员工的素质和能力直接影响教学管理的水平和效果。因此，需要实施教职员工管理体系，实现对教职员工的数字化管理，按照统一的标准和要求进行培训、考核、激励和发展，实现教职员工的"精强化"有效管理。通过数字化教职员工管理体系，可以提高教职员工的专业性和责任感，促进教职员工的学习和成长，也便于教学管理者的选拔和配置。

二、数字化管理体制的重塑与超越

（一）技术融入体育教育治理，政策引领体制改革

1. 智能技术与高校治理政策的深度融合

高校治理是指高校内部和外部各种力量在教育目标、教育资源、教育过程、教育效果等方面的协调和平衡，以及高校自身的规范和优化。高校治理的目的是为了提高高校的教育质量和社会服务能力，促进高校的内涵式发展和创新型发展。高校治理的现代化，就是要建立符合时代要求、适应社会需求、反映高校特色、体现教育规律的治理体系和治理能力，实现高校治理的科学化、民主化、法治化、智能化。

智能化是高校治理现代化的重要方面，也是技术对高校治理的最直接和最深刻的影响。智能化是指利用人工智能等技术，实现高校治理的数据化、数字化、网络化、智慧化，提高高校治理的效率、效果、效益。智能化的高校治理，要求高校在治理思想、治理模式、治理手段、治理机制等方面，与技术的发展和应用相衔接，实现技术与治理的深度融合。

技术与高校治理的深度融合，需要政策的引领和支撑。政策是高校治理的重要保障，也是技术与治理融合的重要推动力。政策要充分发挥技术的优势，为高校治理提供明确的目标、方向、路径、标准、评价等，同时充分考虑技术的局限性，为高校治理提供必要的规范、制约、监督、保障等。政策要与技术的发展和变化相协调，及时更新和完善，避免出现政策滞后、政策空白、政策冲突等问题。政策要与高校的实际和需求相结合，兼顾高校的共性和个性，尊重高校的自主性和创新性，激发高校的主动性和活力。

技术融入体育教育治理，政策引领体制改革，是高等教育改革的必然趋势，也是高等教育发展的重要机遇。高校要抓住机遇，积极探索，勇于创新，推动技术与治理的深度融合，实现高校治理的现代化，为高等教育的高质量发展提供有力支撑。

2. 政府引导数字化转型作用明显

（1）制定和实施相关的政策法规

政府需要制定和实施与智能技术及体育教育治理相适应的政策法规，以规范和促进智能技术的发展和应用，保障体育教育的质量和安全。例如，政府需要制定和实施关于智能技术在体育教育中的标准、规范、认证、监督等方面的政策法规，以确保智能技术的可靠性、有效性和合法性。政府还需要制定和实施关于智能技术在体育教育中的伦理、隐私、版权、责任等方面的政策法规，以保护体育教育的公正性和创新性。

（2）提供和支持相关的资源投入

政府需要提供和支持与智能技术及体育教育治理相匹配的资源投入，以支持和促进智能技术的研发和应用，提高体育教育的水平和效益。例如，政府需要提供和支持关于智能技术在体育教育中的基础设施、人才培养、科研项目、技术转化等方面的资源投入，以增强智能技术的基础能力、创新能力和应用能力。政府还需要提供和支持关于智能技术在体育教育中的激励机制、评价机制、奖励机制等方面的资源投入，以激发智能技术的发展动力、竞争力和合作力。

（3）建立和完善相关的协调机制

政府需要建立和完善与智能技术及体育教育治理相协调的协调机制，以协调和促进智能技术的协同和共享，实现体育教育的协作和共赢。例如，政府需要建立和完善关于智能技术在体育教育中的跨部门、跨层级、跨领域的协调机制，以实现智能技术在体育教育中的政策协同、资源协同和服务协同。政府还需要建立和完善关于智能技术在体育教育中的跨校、跨区、跨国的协调机制，以实现智能技术在体育教育中的学术交流、经验交流和合作交流。

（二）深化管理革命，释放体育教育资源活力

数字化体育教育教学是以数字化为主线的一场技术革命，同时是一场深刻的管理革命和服务革命。促进教学秩序和教学资源的深度优化，是涵盖制度、规划、技术、基础设施与资源、内容、平台与工具、标准与规范、环境与生态等在内的多元化复杂工程。数字技术的集成运用，可以引导高等体育教育工作人员拥有数字化的理念与思维，促使学校形成数字文化，对数字化的体育教育资源建设、教学管理秩序、内容与载体开发及运用、平台与工具研制及使用带来深刻变革。

教学数字化管理体系的加速建立，使数字化资源配置得到规范管理。从微观的课程层面管理到中观的专业层面管理，再到学校层面的校级管理和对企业提供运行与服务的平台

管理，乃至到政府引导与协同管理，管理体制、生态管理和国际合作管理都得到了加强。

（三）整合多元力量，共筑体育教育管理新生态

首先，需要加强体育数字化教育管理的顶层设计和规划，明确体育数字化教育管理的目标、路径和措施，建立体育数字化教育管理的法律法规和标准规范，保障体育数字化教育管理的安全和合规。其次，需要加强体育数字化教育管理的基础建设和支撑，提升体育数字化教育管理的硬件和软件水平，建设体育数字化教育管理的信息系统和服务平台，提供体育数字化教育管理的数据资源和技术支持。再次，需要加强体育数字化教育管理的人才培养和队伍建设，培养体育数字化教育管理的专业人才和骨干力量，提高体育数字化教育管理的人员素质和能力水平，构建体育数字化教育管理的人才梯队和团队协作精神。最后，需要加强体育数字化教育管理的创新发展和实践应用，推动体育数字化教育管理的理论研究和技术创新，探索体育数字化教育管理的模式方法和案例经验，促进体育数字化教育管理的普及推广和成果转化。

（四）数字化赋能体育教育评价，推动素质体育教育发展

高校对体育教育教学评价进行数字化改造，以适应数字化时代教学与人才培养的现实需要。运用数字化的理念思维、规章制度、系统工具等对师生员工、教学活动、考核评价、资源使用、互联互通等进行科学、合理、准确、全面的数字化管理，形成基于大数据的全量化、智能性的体育教育教学评价体系和评价结果。数字化管理承载的数字化服务，带来高校管理体制与方法、服务模式与效率的变革，即线上或掌上一站式服务、无纸无表格无单据办公、扁平化组织与管理等得到运用，基于大数据的质量评价与保障将成为高校治理的重要手段与方式，数字化提供了更加广泛和精准的体育教育服务。

在智能时代，人们对于综合素质的评价提出了更高的要求，特别是在体育教育领域，人工智能技术的引入，突破了传统的以分数为主的单一维度评价机制，通过全面加强对师生动态数据的感知、采集、分析和监测，为学生综合素质的多维度评价提供了新的模式。随着大数据、云计算等技术的发展，学习档案和学业评估正从传统的纸质记录转向数字化管理。这种数字化转型不仅提高了教育管理的效率和透明度，还为高等体育教育的质量监控和跨区域教育资源共享提供了便利。

第二节 数字化带来的挑战

一、体育教育数字化面临的挑战

体育教育数字化是一种不可逆转的趋势,也是一种有利于体育教育发展的机遇。体育教育数字化可以为体育教育带来许多好处,但也面临着一些挑战。我们需要正视这些挑战并有效应对,才能实现体育教育数字化的最大化效果和价值。

(一)技术资源不均衡的挑战

技术资源是体育教育数字化的基础和保障,包括硬件设备、软件平台、网络环境等。然而,由于经济、地域、政策等因素的影响,技术资源的分配和利用在不同的学校、地区、国家之间存在着不均衡的现象。一些学校和地区拥有先进的技术资源,可以充分利用数字化的优势,从而提高体育教育的质量和效果;而另一些学校和地区则缺乏必要的技术资源,无法实现体育教育的数字化,或者只能实现低水平的数字化,导致体育教育的落后和不足。

(二)教师技术适应性挑战

教师是体育教育数字化的主要执行者和推动者,他们的技术适应性决定了体育教育数字化的质量和水平。技术适应性包括技术知识、技术能力、技术态度等方面。然而,由于教师的年龄、经验、背景、信念等因素的差异,教师的技术适应性也存在不同程度的差异。一些教师具有较高的技术适应性,能够灵活运用数字化的方法和手段,改进和创新体育教育的教学过程和效果;而另一些教师则缺乏技术适应性,无法有效地利用数字化的资源和工具,或者对数字化的价值和意义持有怀疑和抵触的态度,影响体育教育数字化的实施和发展。

(三)学生数字技能的差异

学生是体育教育数字化的主要参与者和受益者,他们的数字技能影响了体育教育数字化的效果和效率。数字技能包括数字信息的获取、处理、应用、创造等方面。然而,由于学生的年级、性别、兴趣、经验等因素的不同，学生的数字技能也存在着不同程度的差异。一些学生具有较高的数字技能，能够主动和有效地利用数字化的资源和工具，丰富和拓展体育教育的学习内容和方式；而另一些学生则缺乏数字技能，无法自主和有效地参与数字化的体育教育活动，或者对数字化的内容和形式感到无聊和厌烦，降低体育教育的学习动机和效果。

（四）数字设备的可获取性

数字设备是体育教育数字化的重要载体和工具，它们的可获取性决定了体育教育数字化的可行性和便利性。数字设备包括电脑、平板、手机、智能手表、智能眼镜、虚拟现实设备等。然而，由于数字设备的价格、性能、兼容性、维护等因素的影响，数字设备的可获取性并不是很理想。一些数字设备的价格过高，超出了一般学校和家庭的经济承受能力；一些数字设备的性能不稳定，容易出现故障和损坏；一些数字设备的兼容性不好，无法与其他设备或平台进行顺利连接和交互；一些数字设备的维护成本高，需要专业的人员和设备才能进行维护和更新。

（五）数据隐私和安全问题

体育教育数字化的过程中，会产生大量的数据，如学生的身份信息、身体数据、运动数据、健康数据等。这些数据对于体育教育的改进和评估有很大的价值，但也可能被滥用或泄露，给学生带来不必要的麻烦和风险。例如，一些不良的商业机构或个人可能通过非法的手段获取学生的数据，用于营销、广告、诈骗等目的，一些黑客或犯罪分子可能通过网络攻击或病毒感染窃取学生的数据，用于勒索、敲诈、恐吓等目的，一些不负责任的教师或同学可能通过不恰当的方式分享或泄露学生的数据，用于嘲笑、欺凌、歧视等目的。这些情况都可能侵犯学生的隐私权和安全感，影响学生的自尊和自信，甚至危害学生的身心健康。因此，我们需要采取一些措施，如加强数据的加密和备份，完善数据的管理和监督，制定数据的规范和法律，保护数据的安全和隐私，尊重每个学生的隐私和尊严。

数字化的体育教育不仅是一种技术的应用，更是一种教育理念的转变。数字化的体育教育要求我们从传统的以教师为中心、以知识为主要内容、以考试为主要评价的教育模式，转变为以学生为中心、以能力为主要目标、以过程为主要关注的教育模式。然而，这种理念的转变并不容易，需要我们克服一些固有的观念和习惯，建立一些新的观念和习惯。一些教师和学生可能对数字化的体育教育持有一些误解和偏见，认为数字化的体育教育是一种简单的替代和补充，而不是一种根本的改变和创新。一些教师和学生可能对数字化的体育教育缺乏一些必要的知识和技能，无法有效地参与和实施数字化的体育教育活动。一些教师和学生可能对数字化的体育教育缺乏一些合适的方法和策略，无法有效地组织和管理数字化的体育教育过程。

为了应对这些挑战，我们需要加强对数字化的体育教育理念的宣传和推广，消除对数字化的体育教育的误解和偏见，树立对数字化的体育教育的信心和热情。同时，我们也需要加强对数字化的体育教育知识和技能的教育和培训，提高教师和学生的数字化的体育教育素养和能力。此外，我们还需要加强对数字化的体育教育方法和策略的研究和探索，提供教师和学生的数字化的体育教育指导和支持。

二、数字化体育教育的完善

体育教育数字化战略行动体系是一种采用现代化数字技术以及综合性体育教育支持的系统，利用数字化技术来提高体育教育质量，提升学习者的学习体验，改善传统体育教育模式，进而更好地适应新时代社会发展的需求。

（一）数字化战略行动的实施将助力体育教育质量的提升

数字化战略行动是指利用信息技术和数字媒体，对体育教育的各个环节进行改革和创新，实现体育教育的数字化转型。

1. 数字化教学资源的建设和共享

数字化教学资源是指利用数字技术，将体育教育的内容和形式进行数字化处理，形成的可供教学使用的资源，如数字化教材，数字化教案，数字化教学视频，数字化教学软件等。数字化教学资源的建设和共享，可以有效地解决体育教育资源的不足和不均衡的问题，为体育教育提供丰富多样的教学内容和形式，满足不同学生的学习需求和兴趣，激发学生的学习动机和参与度，提高学生的学习效果和体育素养。例如，通过建立数字化教学资源库，可以将全国各地的优质体育教学资源进行汇集和整合，形成一个开放和共享的平台，让所有的体育教师和学生都能够方便地获取和使用。通过利用数字化教学视频，可以将一些难以在课堂上展示和教授的体育项目和技能，以生动直观的方式呈现给学生，让学生能够更好地观察和模仿，提高学生的技能掌握和运动水平。通过利用数字化教学软件，可以将一些抽象和复杂的体育理论和知识，以互动和趣味的方式呈现给学生，让学生能够更好地理解和记忆，加强学生的理论认知和运动意识。

2. 数字化教学方法的创新和优化

数字化教学方法是指利用数字技术，对体育教育的教学过程和方式进行改进和优化，形成的更符合体育教育规律和学生特点的教学方法，如数字化教学模式，数字化教学策略，数字化教学工具等。数字化教学方法的创新和优化，可以有效地解决体育教育方法的单一和落后的问题，为体育教育提供更灵活和多元的教学过程和方式，以适应不同学生的学习特点和水平，促进学生的个性化和主动化学习，提高学生的学习效率和体育能力。例如，通过采用数字化教学模式，可以将传统的教师主导和学生被动的教学模式，转变为教师引导和学生主体的教学模式，让学生在教师的指导下，通过数字化媒体，自主地选择和安排自己的学习内容和方式，实现自主学习和协作学习的结合，提高学生的学习主动性和自主性。通过采用数字化教学策略，可以将传统的知识传授和技能训练的教学策略，转变为情境创设和问题解决的教学策略，让学生在数字化媒体的支持下，通过参与和体验，解决一些与体育教育相关的实际问题，实现知识应用和技能发展的结合，提高学生的学习实践性和创新性。通过采用数字化教学工具，可以将传统的板书演示的教学模式，转变为通过投影进行互动的教学模式，让学生在数字化媒体的辅助下，通过观看和操作，获取和处理一些与体育相关的信息，实现信息获取和信息处理的结合，提高学生的学习信息性和思维性。

3．数字化教学评价的科学化和公正化

数字化教学评价是指利用数字技术，对体育教育的教学效果和学生表现进行测量和评价，形成的更符合体育教育目标和学生发展的评价体系，如数字化评价指标，数字化评价方法，数字化评价反馈等。数字化教学评价的科学化和公正化，可以有效地解决体育教育评价的不科学和不公正的问题，为体育教育提供更全面和客观的评价依据和结果，反映不同学生的学习进步和体育水平，促进学生的自我评价和互相评价，提高学生的学习自信。例如，通过建立数字化评价指标，可以将传统的以分数和排名为主的评价指标，转变为以素养和能力为主的评价指标，让学生不仅能够了解自己的体育成绩，还能够了解自己的体育素养和能力，如运动技能，运动意识，运动习惯，运动态度，运动情感等，拓宽学生的评价维度，加深学生的评价深度。通过采用数字化评价方法，可以将传统的以笔试和考试为主的评价方法，转变为以观察和记录为主的评价方法，让学生不仅能够通过数字化媒体，进行自我观察和记录，还能够通过数字化媒体，接受教师和同学的观察和记录，提高学生的评价频率和评价准确性。通过利用数字化评价反馈，可以将传统的以评语和成绩单为主的评价反馈，转变为以图表和报告为主的评价反馈，让学生不仅能够通过数字化媒体，查看自己的评价结果，还能够通过数字化媒体，分析自己的评价过程，提高学生的评价可视性，增强学生的评价反思性。

数字化战略行动的实施，将为体育教育带来新的机遇和挑战，需要体育教育的相关方面进行积极的探索和实践，以实现体育教育的数字化转型，提高体育教育的质量和效率，

促进学生的身心健康和全面发展。

（二）建立完善政策，提高体育数字化教育资源配置效率

体育数字化教育资源配置效率是指体育数字化教育资源在生产、分配、消费、再生产等过程中，实现资源的最大化利用、最优化配置、最佳化效果的能力。体育数字化教育资源配置效率受到多方面的影响，主要包括以下四个方面：

1. 政策因素

政策是体育数字化教育资源配置的重要保障，它涉及资源的规划、制度、标准、监督、评估、激励等方面，对于资源的生产、分配、消费、再生产等环节都有着重要的指导、约束、推动、促进的作用。政策的完善、科学、适应、创新，是提高体育数字化教育资源配置效率的关键。

2. 技术因素

技术是体育数字化教育资源配置的重要手段，它涉及资源的开发、存储、传输、处理、展示、交互、共享、利用等方面，对于资源的质量、数量、速度、安全、便捷、智能等方面都有着重要的影响。技术的先进、稳定、兼容、更新，是提高体育数字化教育资源配置效率的基础。

3. 人力因素

人力是体育数字化教育资源配置的重要主体，它涉及资源的生产者、分配者、消费者、再生产者等各个角色，对于资源的需求、供给、选择、使用、反馈、改进等方面都有着重要的作用。人力的素质、能力、态度、意识、协作、创新，是提高体育数字化教育资源配置效率的动力。

4. 环境因素

环境是体育数字化教育资源配置的重要条件，它涉及资源的物质、信息、文化、社会、制度、市场等各个方面，对于资源的生产、分配、消费、再生产等环节都有着重要的支持、影响、制约、促进的作用。环境的优化、协调、适应、创新，是提高体育数字化教育资源配置效率的保障。

三、数字体育教育与传统教育的有效结合

数字体育教育与传统体育教育是一种互动和互补的关系，而不是一种对立和排斥的关

系。数字体育教育并不是要取代或削弱传统体育教育，而是要为传统体育教育提供更多的支持和拓展。传统体育教育也不是要抵制或忽视数字体育教育，而是要借鉴和利用数字体育教育的优势和资源。数字体育教育与传统体育教育的结合，可以使体育教育更加丰富和多元，更加符合时代的需求和学生的特点，更加有利于实现体育教育的目标和功能。

（一）确立数字体育教育与传统体育教育的协调发展的理念

体育教育的发展应该遵循科学的规律和教育的原则，不应该盲目地追求新颖和时尚，也不应该固守陈规和过于保守。数字体育教育与传统体育教育应该相互协调，相互促进，相互补充，形成一种有机的整体，共同服务于体育教育的目的和价值。

（二）构建数字体育教育与传统体育教育的融合式的课程体系

体育教育的课程体系应该反映数字体育教育与传统体育教育的结合，既要包含传统的体育项目和内容，也要包含新兴的数字体育项目和内容；既要注重体育技能和知识的传授，也要注重数字技能和素养的培养；既要适应学生的不同年龄段和水平，也要满足学生的不同兴趣和需求。体育教育的课程体系应该是开放的、动态的、多元的，能够随着时代的变化和学生的发展而不断更新和完善。

（三）创新数字体育教育与传统体育教育的互动式的教学方法

体育教育的教学方法应该体现数字体育教育与传统体育教育的互动，既要利用数字化的手段和资源，如网络、多媒体、虚拟现实、人工智能等，来丰富和优化体育教学的内容和形式；也要注重实践和体验，让学生在真实的环境中进行体育活动和锻炼。体育教育的教学方法应该以学生为中心，激发和发展学生的主动性、创造性、合作性和批判性，培养学生的终身体育意识和能力。

（四）建立数字体育教育与传统体育教育的综合式的评价体系

体育教育的评价体系应该反映数字体育教育与传统体育教育的综合，既要考核学生的体育技能和知识，也要考核学生的数字技能和素养；既要采用传统的评价方式，如笔试、实践、观察等，也要采用数字化的评价方式，如网络、数据、模拟等；既要关注学生的学习过程和方法，也要关注学生的学习结果和效果。体育教育的评价体系应该是公平的、科学的、多维的，能够全面和客观地反映学生的体育学习的状况和水平。

数字体育教育与传统体育教育的有效结合，是体育教育的一种必然的趋势和选择，也是体育教育的一种重要的挑战和机遇。只有在数字体育教育与传统体育教育的有效结合的基础上，才能使体育教育更加适应时代的发展，更能满足学生的需求，更能发挥体育教育的作用和价值。

第三节　数字技术与人文的平衡

一、数字技术在体育教育中的应用

（一）数据分析

数据分析是指运用大数据和机器学习技术，收集、处理、分析和呈现学生的运动数据，从而帮助教师和学生更好地理解学生的体能和技能水平，提供个性化的训练建议和反馈。本文将探讨数据分析在体育教学中的应用与挑战，以期为体育教学的改革和创新提供一些参考和启示。

1. 数据分析在体育教学中的应用

数据分析在体育教学中的应用主要体现在以下三个方面：

（1）客观评估学生的运动表现

数据分析可以通过专业的设备和软件，如智能手环、传感器、摄像头等，实时记录和分析学生的运动数据，如心率、步数、速度、距离、角度、力量等，从而客观地评估学生的运动表现，避免了人为的主观判断和误差。数据分析还可以将学生的运动数据与标准或平均值进行比较，从而发现学生的优势和不足，为教师的教学和学生的学习提供依据。

（2）提供个性化的训练建议和反馈

数据分析可以根据学生的运动数据，结合机器学习的算法，为学生提供个性化的训练建议和反馈，如运动强度、频率、时间、方式、目标等，从而帮助学生制订合适的训练计划，提高学习效率和效果。数据分析还可以通过可视化的方式，如图表、动画、视频等，将学生的运动数据和训练建议和反馈呈现给学生，从而增强学生的学习兴趣和动力。

（3）促进教师和学生的互动和交流

数据分析可以通过互联网和云计算的技术，将学生的运动数据和训练建议及反馈上传到网络平台，从而实现教师和学生的在线互动和交流。教师可以通过网络平台，随时查看和掌握学生的运动数据，及时给予学生指导和鼓励。学生可以通过网络平台，随时查看和反馈自己的运动数据，及时调整和改进自己的训练计划。数据分析还可以通过网络平台，实现学生之间的竞争和合作，如排行榜、团队任务、挑战赛等，从而激发学生的运动热情和团队精神。

2. 数据分析在体育教学中的展望

数据分析在体育教学中的应用，是一种有前景和潜力的教学方法，也是一种有挑战和风险的教学方法。数据分析在体育教学中的应用，需要教师和学生的积极的态度和理性行为，需要政府和社会的支持和监督，需要科技和创新的发展和完善。数据分析在体育教学中的应用，旨在为体育教学的改革和创新提供一种新的思路和工具，为体育教学的目标和效果提供一种新的评价和反馈，为体育教学的过程和内容提供一种新的互动和交流。数据分析在体育教学中的应用，期待着与教师和学生的智慧和努力相结合，共同推动体育教学的进步和发展。

（二）虚拟现实和增强现实

①VR和AR可以提供更丰富和多样的学习场景，激发学生的学习兴趣和动机。VR和AR可以模拟出各种不同的体育项目和环境，如足球、篮球、滑雪、攀岩、潜水等，让学生能够体验到不同的运动乐趣和挑战。VR和AR还可以根据学生的个性化需求和水平，调整难度和强度，让学生能够在适合自己的节奏和方式下进行学习和训练。VR和AR还可以增加学生的互动性和竞争性，让学生能够与其他学生或虚拟对手进行对抗或合作，提高学生的参与度和成就感。

②VR和AR可以增强学生的沉浸感和参与感，帮助学生理解复杂的动作技巧和策略。VR和AR可以通过头戴式显示器、手柄、追踪器等设备，让学生能够感受到运动的视觉、听觉、触觉等多种感官刺激，让学生能够更真实地体验到运动的过程和效果。VR和AR还可以通过动画、图表、语音等方式，向学生展示运动的原理、步骤、要点等，让学生能够更清晰地掌握运动的技巧和策略。VR和AR还可以通过实时的数据和反馈，向学生提供运动的效果、进步及易出现的问题等，让学生能够更及时地调整运动的方法和目标。

然而，VR和AR也存在一些局限性，需要高质量的硬件和软件，以及能保证学生的健康和安全。VR和AR需要高性能的计算机和网络，以及高清晰度的显示器和传感器，才能保证运行的流畅性和稳定性。VR和AR还需要高水平的开发者和设计者，才能保证内容的质量和创新性。VR和AR还需要考虑学生的健康和安全，如避免眼睛疲劳、碰撞等不良的生理和心理反应，以及保护学生的隐私。

综上所述，VR和AR是体育教育的新趋势，有着巨大的潜力和价值，但也需要不断的完善和改进，以适应体育教育的需求和发展。VR和AR不是取代传统的体育教育的手段，而是与之相辅相成的工具，需要教师和学生的合理的使用和评价，才能发挥出最大的效果。VR和AR的发展，也需要社会的支持和监督，以保证其科学性和合理性。VR和AR的未来，值得我们期待和探索。

（三）社交媒体和互动应用

社交媒体和互动应用是指利用网络平台和移动设备，让学生能够分享他们的运动成就、经验和感受，与其他学生或教师进行交流和互动，建立健康的竞争和社交环境。社交媒体和互动应用的优势在于可以扩大学生的学习范围和资源，增加学生的学习乐趣和自信心，促进学生的团队合作精神，提高学生的运动责任感和自律性。社交媒体和互动应用的局限性在于需要对学生的网络行为和素养进行引导和监督，防止学生出现网络成瘾、网络欺凌、信息泄露等问题。

数字技术在体育教育中的应用，为学生提供了更多的学习方式和机会，也为教师提供了更多的教学方法和工具。然而，数字技术也存在一些局限性和风险，需要教师和学生在使用时注意合理的选择和使用，以达到最佳的学习效果。数字技术不是体育教育的替代品，而是体育教育的辅助手段，最终的目的是提高学生的身心健康和综合素质。

二、人文关怀在体育教育中的重要性

人文关怀是指对人的尊重、关心和理解，它是教育的本质和目的。人文关怀不仅体现在教师和学生之间的互动，也体现在学生和学生之间的互动，以及学生和社会之间的互动。人文关怀能够促进学生的个性发展，激发学生的学习动机，增强学生的自信心，培养学生的道德情操，提高学生的社会责任感。

体育教育是人文关怀的重要载体，它能够通过多种形式和内容，实现人文关怀的目标。例如，体育教育可以培养学生的体育兴趣，让学生在体育活动中感受乐趣，享受运动，从而提高学生的生活质量。体育教育也可以鼓励学生在体育活动中展现创造性，让学生在体育项目的选择、设计、实施和评价中，发挥自己的想象力和创造力，从而提高学生的创新能力。体育教育还可以让学生在团队运动中学习合作和尊重，在体育竞赛中，遵守规则，尊重对手，配合队友，从而提高学生的团队精神和社交能力。

数字技术为体育教育带来了便利，但也带来了挑战。数字技术可以提供丰富的体育资源，扩大体育教育的覆盖面，提高体育教育的效率，但也可能导致体育教育的异化，削弱体育教育的人文关怀。因此，教育管理者需要在体育教育中，平衡数字技术和人文关怀的关系，既要利用数字技术的优势，也要防止数字技术的弊端，确保体育教育的人文性和教育性。

人文关怀在体育教育中的重要性不容忽视，它是体育教育的灵魂和目标。在数字化时代，体育教育需要更加注重人文关怀，以促进学生的全面发展，培养学生的人文素质。

三、数字技术与人文关怀的平衡策略

（一）整合数字技术与人文教育

人文教育作为培养人的全面发展的教育，也可以借助数字技术的力量，实现教育的改革和提升。但是，我们也要清醒地认识到，数字技术并不是人文教育的钥匙，它只是一种工具，而不是目的。我们应该如何整合数字技术与人文教育，使之相互促进，而不是相互抵消呢？

1. 明确人文教育的本质和目的

人文教育是一种以人为本的教育，它关注人的内在品质和外在表现，培养人的人文精神，如思辨能力、创造力、批判性思维、道德判断等。人文教育不仅要传授知识，更要激发情感，引导价值，塑造人格。人文教育的目的是让学习者成为有思想、有品德、有创造力的人，而不是机械地重复知识和技能的人。

2. 合理地利用数字技术的优势和避免其劣势

数字技术的优势在于它可以为人文教育提供丰富的资源和工具，如网络、多媒体、人工智能等，它们可以拓展人文教育的内容和形式，增加人文教育的趣味性和有效性。例如，利用网络，学习者可以接触到不同的文化和思想，开阔视野和眼界；利用多媒体，学习者可以观看到生动的图像和声音，增强感知和理解；利用人工智能，学习者可以得到个性化的指导和反馈，提高学习的效率和质量。但是，数字技术的劣势在于它也可能造成人文教育的表面化和异化，如信息的过载和碎片化、思维的简单化和依赖化、情感的冷漠化和虚拟化等。例如，过度依赖网络，学习者可能失去对知识的深入探究和批判性思考，只满足于表面的浏览和复制；过度依赖多媒体，学习者可能失去对文化的真实体验和情感共鸣，只追求形式上的刺激和满足；过度依赖人工智能，学习者可能失去对自我和他人的认识和尊重，只服从机器的安排和指令。

3. 坚持以人为本的原则，将数字技术作为促进人文教育的辅助手段

教育者要充分发挥数字技术的优势，为人文教育提供更多的可能性和选择性，但也要注意避免数字技术的劣势，为人文教育保留更多的空间和自由度。我们要以人文教育的核

心价值为指导，将数字技术与人文教育的内容和方法相结合，而不是相分离。教育者要以人文教育的目标为导向，将数字技术与人文教育的效果和影响相协调，而不是相冲突。要以人文教育的精神为灵魂，将数字技术与人文教育的情感和人格相融合，而不是相割裂。

整合数字技术与人文教育是一项有意义而又富有挑战的任务，它需要我们有清晰的认识和理性的判断，有创新的思维和实践的能力，有人文的情怀和责任的担当。只有这样才能实现数字技术与人文教育的和谐发展，为人类的进步和幸福做出贡献。

（二）培养数字素养与人文素质

数字素养是指能够有效地获取、理解、评估、创造和传播数字信息的能力，它是学习者在数字化世界中参与社会、经济和文化活动的必备条件。但数字素养并不等于人文素质，后者涉及学习者的情感、态度、价值观等方面。人文素质是指能够理解和尊重自己和他人的文化、历史、信仰和多样性的能力，它是学习者在数字化的世界中保持人性、道德和良知的基础。在教学过程中，教育工作者和学习者应该重视数字素养培养，同时加强对人文素质的教育，如团队合作、公平竞赛和尊重多样性等。数字技术不应该成为体育教育和学习者之间的隔阂和敌意的源泉，而应该成为体育教育和学习者之间的桥梁和纽带。数字技术可以帮助学习者扩大视野、增进交流、促进合作、激发创新，也可以让学习者更加了解自己、关心他人、尊重差异、追求和谐。数字技术的发展，不应该让人类失去人文精神，而应该让人类更加充满人文情怀。培养数字素养与人文素质，是教育工作者和学习者共同的责任和使命。

（三）开展以学生为中心的活动

线上线下结合的体育竞赛是一种利用数字平台和现场活动相结合的方式，激发学生的运动兴趣和能力，同时培养学生的合作精神和竞争意识。这种活动的设计可以参考以下步骤：

第一，教育工作者根据学生的年龄和水平，选择合适的体育项目，如跑步、跳绳、篮球等，并制定相应的规则和评分标准。

第二，教育工作者利用数字平台，如微信、抖音等，发布活动的通知和要求，邀请学生报名参加，并分配学生到不同的小组，每个小组有一个组长负责协调和沟通。

第三，教育工作者安排合适的时间，让学生在数字平台上进行自主训练和互动，学生可以通过拍摄视频、发表评论、点赞等方式，展示自己的运动技能和成果，也可以观看和学习其他学生的表现和经验，互相鼓励和支持。

第四，教育工作者组织学生在现场进行体育竞赛，学生可以按照小组或个人的形式，参加不同的比赛项目，教育工作者和其他学生可以为参赛者加油和打分，最后根据数字平台和现场的综合成绩，评选出优胜者，并颁发奖励和证书。

线上线下结合的体育竞赛的优势和效果如下：

①充分利用数字技术的便利性和多样性，让学生可以在任何时间和地点进行学习和交流，提高学生的学习积极性和自主性。

②充分利用现场活动的互动性和趣味性，让学生可以在真实的环境中进行体验和表达，增强学生的学习实效性和创造性。

③充分利用小组合作的协作性和竞争性，让学生可以在团队中进行沟通和协调，培养学生的学习合作性和竞争性。

结合社交媒体的团队建设活动是一种利用数字平台和现实活动相结合的方式，增进学生之间的了解和信任，同时提升学生的社交技能和情感素养。这种活动的设计可以参考以下步骤：

第一，教育工作者根据学生的兴趣和特点，选择合适的社交媒体，如微博、微信等，并创建一个专属的账号和话题，邀请学生关注和参与，并分配学生到不同的小组，每个小组有一个组长负责协调和沟通。

第二，教育工作者安排合适的时间，让学生在社交媒体上进行自我介绍并互相了解，学生可以通过发表文字、图片、视频等方式，分享自己的想法和感受，也可以通过点赞、评论、转发等方式，回应和关注其他学生的内容，互相认识和交流。

第三，教育工作者组织学生在现实中进行团队建设活动，学生可以按照小组或个人的形式，进行不同的互动游戏，如接力赛、猜谜游戏、角色扮演等，教育工作者和其他学生可以为参与者提供反馈和建议，最后根据社交媒体和现实的综合表现，评出最佳团队，并颁发奖励和证书。

结合社交媒体的团队建设活动的优势和效果如下：

①充分利用社交媒体的广泛性和多元性，让学生可以在不同的平台和话题上进行学习和交流，拓宽学生的学习视野和多元性。

②充分利用现实活动的真实性和有趣性，让学生可以在不同的场景和游戏中进行体验和表达，丰富学生的学习经验和有趣性。

③充分利用团队合作的互助性和友好性，让学生可以在团队中进行分享和协作，增进学生的学习互助性和友好性。

数字技术与人文关怀并不是对立的，而是可以相互促进和补充的。教育工作者和学习者应该在数字技术与人文关怀之间找到一个平衡点，既充分利用数字技术的优势，又不忽视人文关怀的重要性，从而实现教育的全面发展和提升。

四、数字技术的限制与人文关怀的必要性

数字技术为体育教育提供了新的可能性，例如在线教学、虚拟现实、智能设备等。这些技术可以提高体育教育的效率，增加灵活性和多样性，满足不同学生的需求和兴趣。然而，数字技术也有其局限性，不能完全取代传统的体育教育方式。过度依赖数字技术可能会导致一些问题，例如缺乏人文关怀、降低社交能力、损害身心健康等。因此，体育教育管理者需要在使用数字技术的同时，保持对人文关怀的重视，以培养学生身心的全面发展。

（一）数字技术的优势

1. 提高教学效率

数字技术可以实现信息的快速传输和存储，方便教师和学生之间的沟通和交流。教师可以利用数字平台发布课程内容、作业和评价，学生可以随时随地查看和完成。数字技术还可以实现个性化的教学，根据学生的水平和进度提供适合的教学资源和反馈。

2. 增加教学灵活性

数字技术可以打破时间和空间的限制，实现异地和异步的教学。教师和学生可以通过网络进行在线教学和学习，不受地点和时间的约束。数字技术还可以提供多种教学模式和方法，例如视频、音频、动画、游戏等，增加教学的趣味性和互动性。

3. 扩大教学多样性

数字技术可以丰富体育教育的内容和形式，为学生提供更多的选择和机会。教师可以利用数字技术引入新的体育项目和知识，例如虚拟现实可以模拟各种运动场景，智能设备可以监测和分析运动数据。学生可以利用数字技术拓展自己的视野和兴趣，例如在线平台可以让学生观看和参与国内外的体育赛事和活动等。

（二）数字技术的局限性

1. 缺乏人文关怀

数字技术虽然可以提高教学的效率和灵活性，但也可能导致教师和学生之间的情感和信任的缺失。教师和学生之间的交流和互动主要通过数字媒介进行，缺乏面对面的接触

和沟通。这可能会影响教师对学生的了解和关注，以及学生对教师的尊重和信赖。数字技术也可能削弱教师的专业性和权威性，使教师成为信息的传递者，而非知识的创造者和引导者。

2. 降低社交能力

数字技术虽然可以增加教学的多样性和趣味性，但也可能导致学生的孤立和自闭。学生在使用数字技术的过程中，可能会忽视和减少与同伴和他人的交流合作。这可能会影响学生的社交能力和团队精神，以及对社会的适应和参与。数字技术也可能造成学生的信息过载和分散注意力，使学生难以集中精力和时间在体育教育上。

3. 损害身心健康

数字技术虽然可以提供新的体育教育工具和手段，但也可能会对学生的身体和心理造成不良影响。学生在使用数字技术的过程中，可能会过度依赖技术，忽视自己的身体感受。这可能会导致学生身体素质和运动能力的下降，以及运动伤害和疾病的产生。数字技术也可能引起学生的心理压力和焦虑，使学生难以享受和放松自己在体育教育中的体验和乐趣。

（三）人文关怀的必要性

人文关怀是指对人的尊重、关心和爱护，体现在对人的个性、情感和价值的重视和满足。人文关怀在体育教育中的必要性主要体现在以下三个方面：

1. 增强教师和学生的关系

人文关怀可以促进教师和学生之间的情感和信任的建立和维持，提高教学的效果和质量。教师通过人文关怀，可以更好地了解和关注学生的需求和兴趣，提供适合的教学指导和支持。学生通过人文关怀，可以更好地尊重和信赖教师的专业性和权威性，提高学习的主动性和积极性。

2. 提升学生的社交能力

人文关怀可以促进学生之间的交流和合作，提升学生的社交能力和团队精神。教师通过人文关怀，可以更好地组织和引导学生的体育活动，鼓励学生在体育活动中学习合作、竞争和自我挑战。学生通过人文关怀，可以更好地与同伴和他人沟通和协作，增加学习的乐趣和动力。

3. 保障学生的身心健康

人文关怀可以促进学生的身体和心理的平衡和发展，保障学生的身心健康。教师通过人文关怀，可以更好地关注和保护学生的身体和感受，提供适度的运动强度和负荷。学生通过人文关怀，可以更好地关注和调节自己的身体和心情，享受和放松自己在体育教育中的体验和乐趣。

五、体育教育中数字化与人文关怀的平衡与协调

体育的本质是人的自我实现和自我超越，体育的目的是促进人的身心健康和社会和谐。体育数字化应该是体育的工具和手段，而不是体育的目的和结果。我们应该利用数字化的优势，提高体育的可及性和普惠性，让更多的人参与到体育中来，享受体育的乐趣和益处。我们也应该防止数字化的弊端，避免体育的异化和失真，保持体育的真实性和公平性，维护体育的尊严和价值。

①以人为本，关注体育的主体和对象，如体育赛事中的运动员和观众，尊重他们的需求和意愿，保护他们的权益和利益，满足他们的多样和个性化的体育需求，提升他们的体育体验感和体育素养。

②以德为先，弘扬体育的精神和理念，即公平、友谊、合作、竞争、尊重、奉献、卓越等，培养体育的道德和责任，防止体育的腐败和舞弊，打击体育的暴力和歧视，促进体育的和平和发展。

③以质为重，保证体育的水平和质量，即科学、规范、安全、有效等，提高体育的专业和技术，优化体育的管理和服务，创新体育的方法和手段，增强体育的竞争力和影响力。

六、建立体育的伦理和规范

体育数字化涉及许多敏感和复杂的问题，如数据的收集、存储、分析、使用、共享、保护等；如人工智能的应用、监督、评估、控制、改进等；如虚拟现实和增强现实的设计、制作、展示、交互、反馈等。这些问题不仅涉及技术的可行性和有效性，也涉及伦理的合理性和正当性。因此，我们需要建立体育的伦理和规范，明确体育数字化的原则和标准，规范体育数字化的行为和责任，保障体育数字化的合法性和合规性。

①尊重个人的隐私和自主，保护个人的数据和信息，不擅自收集、使用、泄露、篡改、销毁等；不侵犯个人的身份、名誉、财产等；不干扰个人的选择、意志、表达等；不利用个人的弱点、缺陷、情感等。

②保持社会的公共和利益，促进社会的公正和公益，不损害社会的安全、稳定、秩序等；不破坏社会的道德、法律、规范等；不扰乱社会的和谐、团结、协作等；不威胁社会

的多元、包容、发展等。

③遵循自然的规律和尊重，维护自然的平衡和生态，不违反自然的原则、条件、限度等；不破坏自然的资源、环境、生物等；不干扰自然的演化、变化、创新等；不剥夺自然的美丽、奇妙、神秘等。

七、促进体育的多元和发展

体育数字化为体育提供了更多的可能性和机会，使体育更加多样化和丰富，体现了体育的创新和活力。我们应该充分利用体育数字化的优势，拓展体育的领域和范围，丰富体育的形式和内容，推动体育的发展和进步。我们也应该尊重体育的多元和差异，促进体育的交流和融合，增进体育的理解和共识。

①推动体育的普及和普惠，降低体育的门槛和成本，提高体育的覆盖和参与，扩大体育的受众和市场，满足体育的基本和普遍的需求，实现体育的公共和民主的特征。

②推动体育的创新和变革，突破体育的传统和局限，引入体育的新技术和新理念，开发体育的新项目和新模式，满足体育的高端和前沿的需求，实现体育的科学和现代的特征。

③推动体育的多样和融合，尊重体育的地域和文化的差异，借鉴体育的国际和民族的经验，融合体育的历史和现代的元素，满足体育的多元和个性的需求，实现体育的文化和人文的特征。

体育数字化是体育的一种新的形态和趋势，它既有优势和价值，也有挑战和问题。我们应该在体育数字化和人文关怀之间，找到一个平衡和协调的点，使体育能够更好地服务于人和社会。

第四节　当代中国的体育数字化管理借鉴——以杭州第19届亚运会为例

在当代中国，体育数字化管理正逐渐成为提高体育赛事效率和观赏体验的重要手段。本节以2023年杭州第19届亚运会为例，深入探讨体育数字化管理的实际应用及其带来的影响。

一、亚运会的数字化转型背景

体育赛事是人类文明的重要组成部分，它不仅展示了运动员的技能和精神，也促进了各国之间的交流和合作。然而，随着科技的迅速发展，体育赛事也面临着新的挑战和机遇，如何利用数字技术提升赛事的品质和影响力，成为一个亟待解决的问题。

在这一背景下，杭州第19届亚运会作为亚洲最大规模的综合性体育盛会，积极采用了数字化转型的策略，旨在打造一个高效、现代且具有持续影响力的国际体育赛事。杭州亚运会的数字化转型主要体现在以下三个方面：

①赛事运营方面。杭州亚运会利用云计算、大数据、人工智能等技术，实现了赛事的智能化、自动化和可视化，提高了赛事的管理效率和安全性。例如，杭州亚运会采用了智能调度系统，根据赛事的实时情况，动态调整赛事的运输、安保、医疗等资源，保障了赛事的顺利进行。

②观众体验方面。杭州亚运会利用5G、VR、AR等技术，创造了多元化、互动化和沉浸式的观赛方式，增强了观众的参与感和体验感。例如，杭州亚运会提供了全景直播、多角度回放、虚拟现场等服务，让观众可以在任何地点、任何时间、任何角度欣赏赛事的精彩瞬间。

③赛事传播方面。杭州亚运会利用社交媒体、数字平台、智能设备等工具，实现了赛事的全方位、多渠道、个性化的传播，扩大了赛事的影响力和价值。例如，杭州亚运会推出了亚运会官方APP、亚运会智能音箱、亚运会数字博物馆等产品，让观众可以随时随地获取赛事的信息、互动、教育等内容。

杭州亚运会的数字化转型，不仅为本届亚运会带来了新的风貌和气象，也为未来体育赛事的发展提供了新的思路和范例。杭州亚运会展示了数字技术在体育赛事中的巨大潜力和价值，也探索了体育赛事与科技、文化、社会等领域的融合和创新。杭州亚运会，不仅是一场体育盛会，也是一场数字盛会，它将为亚洲乃至世界的体育事业，留下一笔宝贵的财富。

二、数字化技术在亚运会的应用

亚运会是亚洲最大的综合性体育盛会，每四年举办一次，吸引了来自亚洲各国和地区的数千名运动员和数百万名观众。为了提高赛事的质量和效率，亚运会不断引入和应用数字化技术，实现了赛事管理、场馆管理和观赛体验等方面的智能化和创新化。

（一）赛事管理系统

赛事管理系统是一个集成了选手信息管理、赛程安排、成绩统计等多个功能的平台，它能够自动收集和分析选手的资格、报名、签到、检录等信息，生成和更新赛程表，实时发布和推送成绩和排名，为赛事组织者、运动员和媒体提供便捷的服务。赛事管理系统的核心是云计算技术，它能够利用云端的强大计算能力和存储空间，处理大量的数据，实现数据的安全、快速和准确的传输与共享。云计算技术还能够实现数据的备份和恢复，防止数据的丢失和损坏，保障赛事的正常进行。

赛事管理系统的另一个关键是人工智能技术，它能够利用机器学习和深度解析等方法，对数据进行智能化的分析和处理，实现赛事的优化和改进。人工智能技术能够根据选手的特点和水平，制订合理的赛程安排，避免不必要的冲突和延误，提高赛事的效率和公平性。人工智能技术还能够根据成绩和排名，预测赛事的走势和结果，为赛事组织者、运动员和媒体提供有价值的参考和建议，增加赛事的趣味性和观赏性。

赛事管理系统的一个典型案例是杭州亚运会，该系统采用了先进的云计算和人工智能技术，实现了赛事的高效运行和协调。该系统能够实现赛事的全程数字化管理，从选手的报名、资格审核、签到、检录，到赛程的安排、更新、发布，再到成绩的统计、排名、推送，都能够通过该系统完成，无须人工干预。该系统还能够根据实时的数据，为赛事组织者、运动员和媒体提供智能化的服务，例如，为运动员提供个性化的训练和比赛建议，为媒体提供精准的赛事报道和评论，为观众提供丰富的赛事信息和互动。该系统的应用，为杭州亚运会带来了良好的口碑和效益，展示了数字化技术在赛事管理方面的巨大潜力和价值。

赛事管理系统是数字化技术在亚运会的重要应用之一，它通过云计算和人工智能技术，实现了赛事的智能化和自动化，为赛事组织者、运动员和媒体提供了便捷的服务，为亚运会增添了光彩。赛事管理系统的发展，不仅能够提高赛事的质量和水平，也能够推动体育产业的创新和发展，为体育事业的进步乃至社会的进步做出贡献。赛事管理系统是数字化技术的一个缩影，它展示了数字化技术在各个领域的广泛应用和深远影响，也展示了数字化技术的未来发展方向和前景。赛事管理系统是数字化技术的一个奇迹，它让我们看到了数字化技术的魅力，也让我们对数字化技术的未来充满了期待和信心。

（二）智能场馆管理

传统的场馆管理方式存在着诸多的问题和挑战，如能源浪费、安全隐患、服务不足等。为了解决这些问题，亚运会的主办方和合作伙伴，利用了物联网、大数据和人工智能等数字化技术，实现了场馆的智能化管理，提高了场馆的运行效率和观众的满意度，为亚运会的成功举办做出了贡献。

物联网是指通过网络将各种物理设备连接起来，实现信息的交换和协调。在亚运会的各个赛事场馆,物联网技术被广泛应用,使得场馆的各种设备能够相互沟通和控制,实现了场馆的智能化能源管理。例如,各赛事场馆采用了智能化管理系统,该系统能够根据天气和场馆的使用情况,自动调节空调、照明、通风等设备的运行,节约能源消耗;同时,该系统也能够通过摄像头、传感器等设备,实时监测场馆的安全状况,预防和处理突发事件;此外,该系统还能够通过移动应用、智能导览、智能餐饮等方式,为观众提供个性化和便捷的服务。利用智能场馆管理系统,场馆管理变得更加精细和高效。

大数据是指海量的、多样的、快速的数据集合,它可以通过分析和挖掘,揭示出有价值的信息和规律。在亚运会的各个赛事场馆,大数据技术被广泛应用,这使场馆的各种数据能够被收集和分析,实现了场馆的智能化决策支持。例如,各赛事场馆采用了大数据分析平台,该平台能够根据场馆的实时数据,如观众的人数、位置、行为等,生成场馆的热力图、人流图、舆情图等,为场馆的管理者提供可视化的决策参考;同时,该平台也能够根据场馆的历史数据,如观众的偏好、反馈、评价等,生成场馆的优化建议、改进方案、评估报告等,为场馆的管理者提供科学的决策依据;此外,该平台还能够根据场馆的相关数据,如赛事的进程、结果、记录等,生成场馆的精彩内容、互动话题、营销策略等,为场馆的管理者提供创新的决策方案。利用大数据分析平台,场馆管理变得更加智能和科学。

人工智能是指让机器具有人类的智能,如学习、推理、感知、创造等。在亚运会的各个赛事场馆,人工智能技术被广泛应用,使得场馆的各种服务能够被智能化,实现了场馆的智能化观众服务。例如,各赛事场馆采用了人工智能机器人,该机器人能够根据观众的语音或文字输入,提供场馆的导航、咨询、翻译等服务;同时,该机器人也能够根据观众的面部表情或身体姿态,提供场馆的拍照、互动、娱乐等服务;此外,该机器人还能够根据观众的个人信息或社交网络,提供场馆的推荐、优惠、分享等服务。利用人工智能机器人,使场馆服务变得更加智能和人性化。

智能场馆管理是数字化技术在亚运会的另一个重要应用,它不仅提高了场馆的运行效率和观众的满意度,也展示了亚运会的先进性和创新性,为亚洲体育事业的发展做出了贡献。智能场馆管理是亚运会的数字化革命,也是未来场馆管理的发展趋势。

(三)虚拟现实和增强现实技术是数字化技术在亚运会的一个创新应用

虚拟现实和增强现实技术是指利用计算机生成的虚拟图像,与真实环境或人的视觉相结合,创造出一种沉浸式的体验。这些技术有什么优势,又是如何应用在亚运会上的呢?

1. 虚拟现实和增强现实技术可以让观众感受到身临其境的赛事氛围

通过佩戴虚拟现实设备,观众可以从运动员的视角,或者从不同的角度,观看赛事的实况。例如，观众可以通过虚拟现实设备，体验跳水运动员从高台跳下的惊险刺激，或者感受田径运动员在赛道上奔跑的速度和力量。这样，观众可以更加真实地感受运动员的技巧和刻苦锻炼，从而更加投入地为他们加油。

2. 虚拟现实和增强现实技术可以让观众看到赛事的实时数据和分析

通过使用增强现实设备，观众可以在观看赛事的同时，了解赛事的相关信息，如运动员的姓名、国籍、成绩、排名等。例如，观众可以通过增强现实设备，看到游泳运动员的泳姿、速度、水花等细节，或者看到篮球运动员的投篮命中率、助攻次数、犯规次数等统计数据。这样，观众可以更加客观地评价运动员的表现，也可以更加深入地了解赛事的规则和进展情况。

3. 虚拟现实和增强现实技术可以让观众与运动员和其他观众互动

通过使用虚拟现实和增强现实设备，观众可以与运动员进行虚拟的对话、握手、拥抱等互动。例如，观众可以通过虚拟现实设备，与自己喜欢的运动员进行虚拟的合影，或者与运动员分享自己的感受和祝福。观众也可以通过虚拟现实和增强现实设备，与其他观众进行虚拟的交流、讨论、竞猜等互动。例如，观众可以通过虚拟现实和增强现实设备，与来自不同国家和地区的观众进行虚拟的见面，或者与其他观众进行虚拟的欢呼和鼓掌。这样，观众可以更加有趣地参与赛事，也可以更加广泛地结识新朋友。

数字化技术在亚运会的应用，体现了亚运会的创新精神和发展趋势，为赛事的举办、场馆的管理和观众的体验提供了智能化和创新化的解决方案，提高了亚运会的品质和影响力。数字化技术在亚运会的应用，也为其他体育赛事和活动提供了经验和启示，展示了数字化技术在体育领域的广阔前景和潜力。

三、数字化技术对赛事传播的影响

亚运会的传播方式随着时代的变化而不断创新，从电视转播到网络直播，从传统媒体到社交媒体，从单一的文字和图片到网络以及多媒体互动的方式，数字化技术极大地扩展了亚运会的传播广度和深度，也为观众提供了更加丰富和个性化的观赛体验。

数字化技术的发展使得亚运会的赛事信息可以通过多种数字渠道迅速传播至全球，打破了时间和空间的限制。例如，杭州亚运会采用5G技术，实现高清、低延迟、大带宽的赛事直播，让观众可以在任何地点、任何设备上观看赛事，甚至可以通过虚拟现实（VR）技术，感受身临其境的赛场氛围。此外，社交媒体平台，如微博、微信、抖音等，也成为亚运会的重要传播渠道，通过运动员、媒体、组织者和观众的分享，将亚运会的精彩瞬间、幕后花絮、赛事分析等内容快速传播给广大网民，形成了强大的社会影响力。

数字化技术的应用也使得亚运会的赛事内容更加多元和互动,提高了观众的参与度和满意度。第19届杭州亚运会推出亚运会官方移动应用,集赛事信息、观赛指南、互动游戏、智能导航等功能于一体,为观众提供了一站式的观赛服务。此外,亚运会的数字内容也更加注重观众的个性化需求和喜好,通过数据分析和算法推荐,为观众提供了更加贴合其兴趣的赛事内容,也为观众提供了更多的互动和反馈的机会,如点赞、评论、投票、打赏等。

数字化技术对亚运会的传播产生了深刻的影响,不仅扩大了亚运会的传播规模和效应,也丰富了亚运会的传播形式和内容,提升了观众的观赛体验和满意度。数字化技术的不断进步,为亚运会的传播带来了更多的可能性和机遇,期待在未来的亚运会上,看到更多的数字化创新和惊喜。

四、数字化在提升运动员体验中的作用

运动是人类生活的重要组成部分,它不仅能够增强身体素质,提高健康水平,还能够培养意志品质,增进社会交往。随着科技的发展,数字化技术在运动领域也越来越广泛地应用,为运动员提供了更多的便利和优势。

(一)数字化技术可以帮助运动员提高训练效率和效果

运动员的训练是一个复杂的过程,需要考虑许多因素,如运动员的身体状况、训练强度、训练频率、训练内容、训练环境等。通过穿戴式设备,如智能手表、智能手环、智能眼镜等,运动员可以实时监测自己的心率、血压、血氧、体温、步数、距离、速度、卡路里等数据;以及训练的时间、地点、路线等信息。这些数据可以通过无线网络传输到云端,由数据分析工具进行处理和分析,生成训练报告和建议,帮助运动员和教练团队了解运动员的训练状况,评估训练效果,优化训练计划,调整训练方法,避免训练过量或不足,预防运动损伤,提高训练效率和效果。

(二)数字化技术可以帮助运动员提高比赛水平和成绩

运动员的比赛是一种激烈的运动,需要充分地准备和应对。通过数字化技术,运动员可以更好地分析对手,制定战术。例如,通过视频分析工具,运动员可以观看对手的比赛录像,分析对手的技术、特点、优势、劣势、习惯、弱点等,找出对手的规律和漏洞,制定相应的应对策略。通过虚拟现实(VR)技术,运动员可以模拟对手的比赛场景,提前适应比赛环境,预演比赛过程,增强比赛信心。通过人工智能(AI)技术,运动员可以利用机器学习、深度学习、神经网络等方法,训练自己的智能模型,模拟对手的行为和反

应，提高自己的决策能力和应变能力。

（三）数字化技术可以帮助运动员提高观众参与度和满意度

运动员的比赛不仅是自己的表现，对观众来说也是一种享受。通过数字化技术，运动员可以与观众产生更多的互动和沟通，增加观众的参与度和满意度。例如，通过社交媒体，运动员可以发布自己的训练和比赛的动态，分享自己的心得和感受，回答观众的问题和评论，收集观众的反馈和建议，增进观众的了解和支持。通过直播平台，运动员可以实时地向观众展示自己的训练和比赛的过程，让观众感受自己的努力和进步，激发观众的兴趣和热情。通过增强现实（AR）技术，运动员可以为观众提供更多的视角和信息，让观众更加贴近自己的比赛，更加深入地理解自己的技巧和策略。

数字化技术在提升运动员体验中发挥着重要作用，它可以帮助运动员提高训练效率和效果，提高比赛水平和成绩，提高观众参与度和满意度。随着数字化技术的不断发展和创新，我们有理由相信，它将为运动员带来更多的便利和优势，为运动领域带来更多的变革和进步。

五、数字化管理的挑战与应对策略

2023年的杭州亚运会，数字化为赛事的筹备和运行提供了强有力的支撑，也带来了一些挑战，需要赛事组织者采取有效的应对策略。

数字化为亚运会提供了哪些支撑呢？首先，数字化提高了赛事的效率和质量。通过数字化的手段，赛事组织者可以实现对赛事的全方位监控和管理，包括赛程安排、场馆设施、运动员信息、志愿者服务、观众入场、票务销售、媒体报道等各个环节。数字化也使得赛事的数据收集和分析更加方便和准确，从而为赛事的评估和改进提供了依据。此外，数字化还提升了赛事的影响力和吸引力。通过数字化的平台，赛事参与者可以与全球的观众和粉丝进行互动和沟通，传播赛事的价值和精神，增加自己的知名度和关注度。数字化也使得赛事的内容和形式更加丰富和多样，例如，通过虚拟现实、增强现实、人工智能等技术，赛事组织者可以为观众提供更加生动和真实的观赛体验，让观众感受到赛事的魅力和激情。

然而，数字化也为亚运会带来了一些挑战，需要赛事组织者采取有效的应对策略。这些挑战主要包括以下三个方面：

（一）数据安全

数据是数字化的核心和基础，也是数字化的最大风险所在。赛事的数据涉及赛事的各个方面,包括赛事的组织、运行、参与、观看等;其中包含大量的敏感和私密的信息,例如,运动员的个人信息、成绩、药检结果等;观众的身份信息、购票记录、消费行为等,赛事的商业合作、赞助协议、版权协议等。这些数据如果被泄露、篡改或滥用,将会对赛事的声誉、利益和安全造成严重的损害。因此,赛事组织者需要建立强大的网络安全防护体系,包括制定严格的数据管理规范,采用先进的数据加密和备份技术,设置多层的数据访问和授权机制,监测和应对各种网络攻击和威胁,以及时处理和公布数据安全事件等。

(二)技术可靠性

技术是数字化的支撑和保障,也是数字化的一个不确定因素。赛事的技术涉及赛事的各个环节,包括赛事的设备、系统、平台、应用等;其中包含了大量的复杂和精密的技术,例如,赛事的计时、计分、裁判、直播等;赛事的网络、通信、云计算、大数据等;赛事的虚拟现实、增强现实、人工智能等。这些技术如果出现故障、延迟或错误,将会对赛事的顺利进行、公平性和观赏性造成不利的影响。因此,赛事组织者需要确保技术的稳定运行,包括进行充分的技术测试和演练,建立完善的技术维护和更新机制,提供及时的技术支持和服务,以及妥善处理和解决技术问题等。

(三)数字鸿沟

数字鸿沟是指数字化的不平等和不公平,也是数字化的一个社会问题。赛事的数字鸿沟涉及赛事的各个群体,包括赛事的参与者、观众、合作伙伴等,其中包含了大量的差异和需求,例如,赛事的参与者在数字化的技能、资源和机会上的不同,赛事的观众在数字化的设备、网络和内容上的不同,赛事的合作伙伴在数字化的标准、规则和利益上的不同。这些差异和需求如果得不到满足和平衡,将会对赛事的公平性、包容性和可持续性造成挑战。因此,赛事组织者需要通过多元化的传播手段减少数字鸿沟,包括提供多种形式和渠道的赛事信息和内容,满足不同层次和背景的观众的需求和偏好,提供多种方式和途径的赛事参与和互动,促进不同领域和地区的合作伙伴的沟通和协作,以及提供多种机制和措施的赛事教育和培训,提高数字化的普及和水平等。

数字化为亚运会带来了诸多好处,但也面临着挑战,需要赛事组织者采取有效的应对策略。只有这样,才能充分发挥数字化的优势,提高赛事的水平和影响力,同时避免或减少数字化的风险,保障赛事的安全和公正,以及促进赛事的发展和创新。

第五章 新形势下体育教育数字化管理创新形态与实践研究

第一节 数字技术与体育教育管理的全面整合实践

全面整合数字技术与体育教育管理的实践探索了如何有效地将现代技术融入体育教育管理中，以提升体育教育的效果和管理效率。

一、结合生物识别技术优化训练

生物识别技术是指利用人体的生理特征或行为特征，进行身份识别或特征分析的技术。生物识别技术在体育教育管理中的应用，主要是通过收集和分析运动员或学生的生理数据，如心率、血压、血氧、体温、肌肉活动、脑电波等，来评估他们的身体状况、运动能力、训练效果、心理状态等，从而为他们提供个性化、科学化、智能化的训练方案和指导。例如，一些高校和体育机构已经采用了智能手环、智能手表、智能运动服等设备，为运动员或学生提供实时的生理数据监测和反馈，帮助他们调整运动强度、时间、方式等，避免过度训练或损伤，提高运动效率和效果。一些专业的运动分析软件，还能够根据运动员或学生的生理数据，结合他们的运动目标、特点、水平等，生成个性化的训练计划和建议，甚至能够模拟不同的运动场景，让运动员或学生在虚拟的环境中进行训练和测试，提升他们的技能和竞争力。

生物识别技术的应用，不仅能够为运动员或学生提供更加精准、有效、安全的训练，也能够为体育教育管理者提供更加丰富、全面、客观的数据支持，帮助他们了解和评估运动员或学生的运动状况、进步情况、潜力情况等，从而为他们制定更加合理、科学、优化的管理策略和措施。

二、增强学生体验的游戏化学习

游戏化学习是指将游戏的元素和机制，如积分、排行榜、勋章、任务、挑战、故事等，融入学习的过程和内容中，以增强学生的参与度和兴趣，提高学习的效果和乐趣的一种学习方式。在体育教育中，游戏化学习可以用来激发学生的运动动机和竞争意识，增加学生的互动和合作，拓宽学生的运动范围和视野。例如，通过使用虚拟现实（VR）或增强现实（AR）技术，学生可以在虚拟的环境中体验不同的运动项目，如滑雪、攀岩、跳伞等，感受不同的运动情境和刺激，打破时间和空间的限制，拓展运动的可能性。教师也可以通过设计不同的游戏场景和任务，引导学生在游戏中学习运动的技巧和规则，培养学生的运动素养和意识。此外，通过使用社交网络、云计算、大数据等技术，教师还可以建立一个在线的运动社区，让学生可以与其他学生或教师分享自己的运动数据和经验，参与到各种运动的竞赛和活动中，增加运动的乐趣和归属感。

三、社交媒体在体育教育中的创新应用

社交媒体是指通过互联网平台，用户可以创建、分享和交流内容的一种媒介形式。社交媒体的出现和发展，为人们的生活和学习带来了许多便利和机会，也对各个领域产生了深远的影响。社交媒体在体育教育中的创新应用，主要体现在以下三个方面：

（一）提高体育教学的效率和质量

社交媒体可以作为体育教学的辅助工具，帮助教师和学生进行有效的沟通和协作，提供丰富的教学资源和反馈信息，增强教学的针对性和个性化。例如，教师可以通过社交媒体发布体育课程的目标、要求和安排，分享体育知识和技能的视频和图片，组织在线的讨论和互动，收集和评价学生的作业和表现，及时调整教学策略和方法。学生可以通过社交媒体获取和学习体育知识和技能，与教师和同学进行交流和互助，展示和记录自己体育活动的成果，反馈和改进自己的体育学习情况。总之，社交媒体可以提高体育教学的效率和质量，促进教师和学生的体育教学和学习水平的提升。

（二）扩大体育教育的影响和覆盖面

社交媒体可以作为体育教育的传播平台，帮助教师和学生拓宽体育教育的范围和对象，增加体育教育的普及和推广，提升体育教育的社会价值和意义。例如，教师可以通过

社交媒体向更多的人介绍和宣传体育教育的理念和目标,展示和推荐体育教育的内容和方法,引导和激励更多的人参与和支持体育教育。学生可以通过社交媒体向更多的人分享和传播自己的体育学习和活动的经验和感受,展示和证明自己的体育能力和素养,影响和吸引更多的人关注和重视体育教育。总之,社交媒体可以扩大体育教育的影响和覆盖面,促进体育教育的社会认可和尊重,提高体育教育的社会地位和作用。

(三)丰富体育教育的内容和形式

社交媒体可以作为体育教育的创新平台,帮助教师和学生探索和尝试体育教育的新领域和新方式,增加体育教育的多样性和趣味性,提高体育教育的吸引力和魅力。例如,教师可以通过社交媒体了解和引入体育教育的新理论和新实践,设计和实施体育教育的新课程和新活动,创造和发展体育教育的新模式和新风格。学生可以通过社交媒体接触和学习体育教育的新知识和新技能,参与和体验体育教育的新项目和新挑战,创造和表达体育教育的新思想和新情感。总之,社交媒体可以丰富体育教育的内容和形式,促进体育教育的创新和发展,提高体育教育的活力和魅力。

社交媒体在体育教育中的创新应用,为体育教育的改革和进步提供了新的机遇和可能,也为体育教育的参与者和受益者带来了新的收获和乐趣。当然,社交媒体在体育教育中的应用,也存在一些问题和风险,需要教师和学生合理地使用和管理,避免和防范社交媒体的负面影响和危害。只有这样,社交媒体才能真正成为体育教育的有益伙伴和助力者,为体育教育的发展和繁荣做出贡献。

四、推广健康生活方式的数字倡导

健康生活方式是指有利于身体和心理健康的生活习惯和方式,如合理的饮食、适量的运动、良好的睡眠、积极的情绪等。健康生活方式对于提高人们的生活质量、预防和控制各种疾病、延长寿命等都有重要的意义。体育教育管理的一个重要目标,就是通过体育教育和活动,推广和培养人们的健康生活方式,提高人们的健康意识和水平。

数字技术在推广健康生活方式方面,也发挥了重要的作用。一方面,数字技术能够为人们提供更加便捷、丰富、多样的体育教育和活动的信息和资源,如在线的体育课程、视频、直播、游戏等,让人们可以在任何时间、地点、环境中,享受和参与体育教育和活动,增加他们的运动兴趣和频率。另一方面,数字技术也能够为人们提供更加有效、有趣、互动性强的体育教育和活动的方式和方法,如利用社交媒体、社区、平台等,建立和加强人们之间的交流、分享、互助、竞争等,激发和维持他们的运动动机和热情。

五、数字技术的可持续发展与环保意识的融入

（一）体育与可持续发展的关系

可持续发展是指在满足当代人的需要的同时不损害后代人满足自己需要的能力的发展。可持续发展涉及经济、社会、环境等多个方面，是人类社会面临的重要课题。体育作为一种文化活动，既是可持续发展的内容，也是可持续发展的手段。

体育是可持续发展的内容，因为体育本身也需要可持续发展。体育活动不仅是人类的基本需求，也是人类的基本权利。体育活动可以促进人的身心健康，提高人的生活质量，增强人的社会参与度和社会凝聚力，培养人的道德品质和文化素养，反映人的价值观和审美观。

体育是可持续发展的手段，因为体育活动可以为可持续发展提供支持和促进。体育活动可以提高人的健康水平，降低医疗费用，增加劳动力，提高生产力，促进经济发展。体育活动可以增进人与人之间的交流和理解，促进不同国家、民族、文化之间的对话与合作，维护和平与安全，促进社会发展。体育活动可以增强人的环保意识和行动力，促进人与自然的和谐相处，保护生态环境，促进环境发展。

（二）数字技术的可持续发展与环保意识的融入的意义

数字技术的可持续发展与环保意识的融入，对于体育教育有着重要的意义，主要体现在以下四个方面：

1. 提高体育教育的质量和效率

数字技术可以为体育教育提供丰富的资源、便捷的平台、精准的评估和智能的辅助，使体育教育更加多样化、个性化、科学化和智能化，从而提高体育教育的质量和效率。

2. 增强体育教育的公平性和普惠性

数字技术可以打破时间和空间的限制，实现体育教育的在线化、远程化和开放化，使更多的学生能够享受到优质的体育教育，特别是对那些处于偏远、贫困地区或有残障等不利条件的学生，从而增强体育教育的公平性和普惠性。

3. 促进体育教育的创新性和前瞻性

数字技术可以激发体育教育的创新思维，推动体育教育的教学模式、教学内容、教学方法和教学评价的改革和创新，使体育教育能够适应社会的发展和变化，满足学生的需求和期待，从而促进体育教育的创新性和前瞻性。

4. 培养体育教育的可持续性和环保性

数字技术可以引导学生认识体育与可持续发展的关系，增强学生的环保意识和行动力，使学生能够在体育活动中节约资源、保护环境、减少污染和浪费，从而培养体育教育的可持续性和环保性。

（三）数字技术的可持续发展与环保意识的融入的策略

1. 整合数字技术，推动体育教育的绿色化和智能化

体育教育应该充分利用数字技术的优势，整合各种数字设备、软件、平台和资源，构建绿色、智能、高效的体育教育生态系统，实现体育教育的数字化、网络化、信息化和智能化。同时，也要注意节约能源、减少碳排放、保护数据安全和隐私，实现体育教育的绿色化和低碳化。

2. 培养数字技能，提升体育教育的素质和能力

体育教育应该注重培养学生的数字技能，包括数字信息的获取、处理、分析、应用和创造等，使学生能够熟练地使用数字技术，有效地解决体育教育中的问题和挑战。同时，也要培养学生的数字素养，包括数字道德、数字公民、数字安全和数字健康等，使学生能够合理地使用数字技术，遵守数字规范，保护数字权益，实现体育教育的素质和能力的提升。

3. 创新数字教学，丰富体育教育的形式和内容

体育教育应该创新数字教学，利用数字技术的多媒体、互动、仿真、虚拟等特点，丰富体育教育的教学形式和内容，设计有趣、有用、有挑战的体育教学活动和课程，激发学生的学习兴趣和动机。同时，也要注重数字教学的个性化、差异化、协作化和反馈化，满足学生的个性化需求，促进学生的主动学习和合作学习，实现体育教育的形式和内容的丰富和创新。

4. 拓展数字视野，拓展体育教育的范围和深度

体育教育应该拓展数字视野，利用数字技术的跨界、跨域、跨文化等特点，拓展体育教育的范围和深度，开展国内外的体育教育交流和合作，引入不同的体育文化和体育理念，促进体育教育的多元化和国际化。同时，也要关注数字技术的社会、经济、政治、伦理等影响，探究数字技术与体育教育的关系和发展，促进体育教育的理论化和实践化，实现体育教育的范围和深度的拓展。

第二节　信息时代下跨界合作与跨学科融合

一、跨学科学习

跨学科学习概念指学习者在多个学科间整合知识和思维方式，以解决那些单一学科无法应对的问题。这种学习模式不仅包括个人知识的融合，还涵盖群体在多学科环境下的协作和思维整合，以深化对跨学科议题的理解。"跨学科主题学习"则是通过主题化的方式来整合多学科内容，使学习材料与学生的实际经验相连接，是一种将知识与学生经验关联的综合学习方法。在体育与健康课程中实施"跨学科主题学习"是实现跨学科学习的关键途径，也是当前教育变革和体育教学创新的重要议题。

（一）体育与健康课程推进"跨学科主题学习"的时代诉求

随着教育变革和体育改革不断推进，"跨学科主题学习"也被赋予了新的时代内涵和历史使命。

1. 回应世界教育变革的必然选择

随着世界发展多样性和复杂性对传统分科教育提出的挑战，以及知识生产方式从单学科语境向跨学科情境模式的转变，"跨学科主题学习"成为世界教育变革和社会发展创新的重要路径。

2021年联合国教科文组织发布《共同重新构想我们的未来：一种新的教育社会契约》报告指出"面向未来的教育转型中，革新教育教学模式，课程应强调生态、跨文化和跨学科学习，支持学生获取和生产知识，同时培养他们批判性思维和应用知识的能力"。世界经济合作与发展组织发布的《OECD学习框架2030》强调，能力不仅包括知识和技能的获得，还包括充分利用知识、技能、态度和价值观应对复杂的需求。其中，跨学科知识是必备知识。教育的革新对教学目标、教学内容和教学方式的创新及转变也提出了新的要求。教学目标上，更注重学习者对复杂问题的解决能力和创新创造能力；教学内容上，更强调对多学科知识的整合创新和意义建构；学习方式上，更关注跨学科的交流协作和问题情境的生活回归。

2. 践行我国课程改革要求的必由路径

跨学科主题学习的推广是响应课程改革的必然选择。这种学习方式鼓励学生超越单一学科的界限，通过综合多个学科的知识来探究和解决问题，从而培养学生的批判性思维、创新能力和实际操作能力。此外，它也促进了教师之间的合作与交流，为学生提供更为丰富和多元的学习体验。

3. 实现学生核心素养培育的应然之需

核心素养已成为21世纪人才培养的根本指向。学生发展核心素养是指学生应具备能够适应终身发展和社会发展需要的必备品格和关键能力，综合表现为人文底蕴、科学精神、学会学习、健康生活、责任担当、实践创新等六大素养。体育与健康课程核心素养是指学生通过体育与健康课程学习而逐步形成的正确价值观、必备品格和关键能力，综合表现为运动能力、健康行为和体育品德。

"跨学科主题学习"基于跨学科的知识学习方式，扩宽学生学科视野和人文底蕴，发展知识和技能的迁移和应用能力；基于探究的问题解决模式，促进学生对深层知识的理解，发展学生自主学习和实践创新能力；基于真实化、生活化的问题情境教学，关注"学习者中心教育"，发挥课程对学生的协同育人功能，真正实现对学生正确价值观、必备品格和关键能力的培育。

（二）体育与健康课程"跨学科主题学习"的多维特征

国家虽然对"跨学科主题学习"提出了明确要求，但在体育与健康课程实践中，仍存在认识简单化、目标模糊化和行为浅表化等实际偏差。把握"跨学科主题学习"的特征是有效开展"跨学科主题学习"教学实践的基础和前提。

1. 学科视角：强调"横向知识"的整合性交融

"跨学科主题学习"强调教学内容的多学科对话和合作，在跨学科领域中培养学生综合解决问题的能力和学习者对知识的建构创新。

在传统教学中，教育体系主要依靠固定的学科框架，强调每个学科内知识的系统性、逻辑性和明确边界，从而形成了各自的知识领域。相对于此，跨学科学习突破了这些界限，关注不同学科间的相互联系。这种方法推崇"全科学习"的概念，致力于融合多个学科的视角，实现知识的综合和连接。通过这种跨学科的融合，不仅促进了多元课程的发展，还增强了学习者从跨学科角度理解复杂问题并解决它们的能力。

2. 教师视角：搭建"教学共同体"的协作性参与

"跨学科主题学习"链接多学科内容的独特特征为教师搭建"教学共同体"提供了可能性。"跨学科主题学习"改变了教师的单一主体身份，强调通过"共同体"里多学科教师的协作性参与，实现多学科协同育人。在跨学科主题学习的环境中，教师转变为多学科知识的创新者和个性化设计者。他们通过深入合作和参与，共同分享教学目标、课程设计、专业知识以及学生的动机和学习方式。在不同学科间建立本质联系，发展有意义的联结，进而丰富和创新单一学科的知识。与"多学科"不同，跨学科教学不仅是从多个角度审视特定问题，还是对多学科内容进行整合，建构新的体系或方法。

构建"教学共同体"也需要跨学科的共识、资源共享和协同创造。共识是合作的基石，意味着教师们愿意共同进行讨论和协作。资源共享则是合作的基础，涉及在共同主题下重构知识体系和教学内容。协同创造是这一过程的支撑，包括设计合理的教学情境、探索有效的学习方法，实施高效的教育教学活动。在这样的协作中，教师能够提升自己在跨学科课程开发和教学能力方面的水平。

（三）体育与健康课程跨学科学习的必要性

1. 践行"五育"融合的必然要求

可以说，"五育"融合的表述方式更加贴近"五育"间真实的关联，即以人的发展为轴心，各要素形成协同运转的整体。因此，单纯提升某"一育"的课时比重，对于迅速打破我国长期存在的"疏德""弱体""抑美""缺劳"的格局虽有积极明显的效果，但就全面发展和可持续发展来看，体育只关注自身发展是不够的，而是应在"一育"中渗透"五育"，发展"五育"。从这个意义上讲，提高体育的课时比重必须与体育跨学科学习联手，才能真正激发体育与健康课程在"五育"融合理念下的课程活力，才能使体育与健康课程从根本上走出边缘的位置。如果提升体育课的学时是提升其地位的硬性措施，那么跨学科主题学习就是柔性手段。倘若体育仅在学科划定的范围内进行教学，无法扭转根深蒂固的"重文轻体"的观念，也就导致存在于学校体育的"说起来重要，做起来次要，忙起来不要"的现象无法根除。用更为长远的眼光看，体育的跨学科教学是打破"五育"制衡推进局面的关键举措，"新课标"强烈呼唤一种以体育科目为主，综合运用语文、数学、劳动、科学、艺术等学科知识技能协同解决问题的全新课程样态，不是体育单兵独进，而是"五育"统合于全人的发展进程中。

2. 推动素养落地的重要措施

核心素养的提出为学生全面发展标记了重点，成为贯穿课标研制全过程的主线，也是

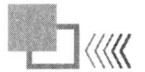

课标文本的灵魂。在此指引下提出的跨学科主题学习，就成为实现素养导向的重要内容载体，推动素养落地的关键举措。在体育学科中具体设计了"钢铁战士""劳动最光荣"等五大跨学科主题，又依据水平的进阶分别细化为四个具体学习主题，并进一步提炼、归纳了育人价值、活动目标、设计思路，对实施过程作了可操作性的指导。学生学习体育与健康课程会形成这门学科特有的能力、行为和品质，这就是学科对于学生毕生发展的贡献，在此基础上实现向整个人的核心素养的进阶。但同时我们又要看到，不同学科核心素养之间又是共通的，学生进入生活情境后面临的问题也并无学科之分，这就需要跨学科主题学习发挥独特的作用。

3. 顺应国际课程改革的趋势

体育与健康课程与其他学科课程融合也是国际发展趋势，很多宝贵的国际经验渗透到了当前核心素养导向的课程改革当中。

当前各国纷纷提出了各具特色的核心素养框架或体系。在此背景下，体育学科核心素养在彰显本学科独特价值的同时还指向人的培养，这意味着体育向各学科渗透、与其他学科融合成为国际趋势。不同国家在不同层次上推动了体育与健康课程的跨学科融合，英国、俄罗斯、新西兰等国从顶层设计入手，将体育与健康课程标准采取合科呈现的方式，即所有学科课标组合在一起形成国家同一课程标准。具体到实践层面，体育与数学、物理、生物等自然科学的跨学科设计近年也在国外如火如荼地开展。虽然当前体育与健康课标的呈现依旧以分科为主，但学科间的交叉、协同、融合已是共识。全人发展、素养导向、跨学科学习，构成了由宏观理念到微观教学的整体改革路向，也深刻影响国内的课程改革。

（四）体育与健康课程跨学科学习的行动路径

1. 坚持先立后通的基本逻辑，提升技能是高效活动的保证

"五育"融合的基础在于"五育"并举，体育作为诸育之"护盾"，必须深入贯彻"五育"融合的基本理念，通过合理的课程架构，先立起来，再强起来，最后通起来。夯实学科自身知识与技能，是为"立"；多学科融合解决问题，是为"通"；无立则不通。在"新课标"中，跨学科主题学习与其他内容并立，彰显了其重要性；顺序居于五大内容板块之末，则暗含了由"立"到"通"的课程逻辑。

融通不是泛化，跨学科的前提是坚持其独特的课程价值。因此，体育与健康课程的跨学科主题活动必须要以基本运动技能、体能等内容为基础。譬如在主题活动"钢铁战士"的案例设计中，学生被要求从不同地点出发运用耐久跑增援到指定地点，如果没有心肺耐力的训练，就无法高质量完成该任务，导致跨学科主题活动沦为纯粹的游戏和娱乐。因此，不以本学科之"立"为前提的融通非但达不到"五育"融合的效果，相反还会削弱学科教学的效力。

体育与健康作为一门以身体锻炼为主要手段的课程，在基本运动技能、体能、健康教育、专项运动技能方面须继续得到充分的重视。因为，学科自身做好做强，学科价值充分释放，学科基础夯实筑牢，这是跨学科活动高质量完成的保证；相反，学科不立不强，跨学科活动便难以成为培育学科核心素养的载体，难以彰显该学科在人的全面发展中的价值。

2. 明确体育学科的主体责任，各项活动紧密、完整、连贯

跨学科学习突破了传统学科边界，结合个体、社会和学科需求来构建探究主题，并围绕该主题展开学习。"新课标"将"素养"作为核心，对跨学科学习的目标进行了明确阐释，并系统地整合了多学科的协同作用。在体育与健康课程中，受学科中心观的影响，课程往往倾向于竞技化，重视学生的竞技水平。然而，这些目标更多是阶段性和过程性的，而非最终的素养目标。素养，作为一种课程语言，是学生后天通过学习逐步形成的。

首先，体育与健康学科的核心素养应该贯穿整个学习过程。跨学科主题学习，作为学校教育的一种方式，是实现学科核心素养的有效途径。它既要体现本学科的价值和对全人发展的贡献，也要突出学校教育的目的性。作为有目的、有计划的教育活动，学科核心素养应在每项具体学习任务中得到全面体现。

其次，跨学科活动应具备整体性和连贯性。无论是从"五育"融合的视角，还是从活动设计的细节出发，都应强调其综合性与应用性。从"新课标"提供的案例中可以看出，不同学科的任务分布在整个活动过程中。

最后，跨学科主题学习的设计应基于真正的跨学科需求，而非单纯为了跨学科而进行学科融合的机械化或形式化。其核心在于，人的核心素养的形成必须基于全面发展，而非割裂的、孤立的成长。

3. 融汇学科逻辑与生活逻辑，让跨学科活动撬动全面发展

跨学科主题活动的设计，不仅是学科教育的转型，更是对"五育"融合理念和素养导向核心主张的实践。在此过程中，关键问题是如何将这些理念和主张融入具体的教学活动设计中，使学生从被动接受知识转变为主动探索学习，尤其是在体育教育领域，如何超越传统的"运动技术中心论"，走向更具情境化的教学设计。新课程标准虽然为教育改革和教学转型指明了方向，但要实现对学生发展的真正影响，还需要依托坚实的教学实践和精心的活动设计。

在跨学科活动设计中，"真实性""协同性"和"多元性"是三个关键要素。"真实性"体现了生活逻辑的融入，只有在真实的情境中，学生才能激发探索的热情。"协同性"不仅是五育之间的协同，也包括个体间的合作，通过协同作用，个体内部实现五育的融通，个体之间实现智能的互补和优势的释放。"多元性"则强调全面发展的视角，包括评价主体和评价维度的多元化，只有多元化的评价体系，才能全面反映跨学科主题学习的深层价值，真正实现以学生为中心的教育，促进学习和发展。

二、多元融合——跨界竞赛实施体育"跨学科融合"

（一）多元共振，开展"体育+"综合学科融合学习

在"体育+"的综合学科融合学习中，德育与体育教育相结合，形成了一种富有教育意义的教学模式。首先，通过竞争性的体育游戏和运动，例如接力跑和篮球，学生在参与中学习到公平竞争、尊重他人、团队合作和帮助他人的重要性，这不仅锻炼了他们的体能，也促进了体育道德的形成。其次，通过参与跳远、长跑等要求毅力和耐力的项目，学生学会在逆境中保持勇敢和坚持，不断挑战自己，从而培养了积极的体育精神。最后，通过快速跑等项目和比赛，让学生在面对失败和挫折时学会不气馁、宽容、正确面对批评，并在竞争中全力以赴，这些体验有助于塑造他们坚韧的体育品格。

体育"跨学科融合"学习，不仅限于"体育+德育"学科融合，还可以趣味田径、快乐篮球等体育项目为突破口，采用"体育+语文（数学、音乐、美术）"等学科融合教学形式，开展学科多元共振，在"教"体育技能专项的基础上，呈现"说"体育、"算"体育、"唱"体育、"画"体育等"跨学科融合"教学，发挥跨学科育人合力。

"说"体育——与语文学科融合。篮球教学时启发学生说出篮球活动的精彩瞬间或学习技能的经历，如最感动的人物、最难忘的事情等，让学生用语言表达内心感受和活动体验，将语文元素融入体育与健康学科教学。

"算"体育——与数学学科融合。立定跳远教学时让学生进行跳的距离求和运算，培养学生体育技能的同时，发展学生数学思维能力，变革学生的学习方式，转变学生的评价方法，为学生思维能力提升找到可行的融合培育路径。

"唱"体育——与音乐学科融合。音乐可以调节人的运动情绪，产生运动美感。做广播操时播放音乐、运动训练时唱体育励志歌曲，总会给人一份阳光自信、勇于尝试、敢于超越的力量，有利于体育课堂教学质量的提高。

"画"体育——与美术学科融合。技术教学中进行体育绘画，既能提高学生的注意力，又可将课堂上教师的讲解示范长久保留；既使复杂动作容易掌握，又让错误动作一目

了然。

(二)跨界竞赛,实施运动教育模式的融合学习

现代教育要求学生既要掌握融合知识技能,又要会跨学科综合运用。运动教育模式具有"重视参与者本体感受""竞赛规则相对完善""项目内容知晓程度高"等特点,体育课堂教学中强化"学"与"赛"的融合,可解决当前体育知识、技能教学中学生"学会了方法,但不会跨学科运用"的矛盾,有利于学生掌握体育知识、提高体育技能、传承体育文化,运用多学科知识与技能去解决问题。以足球运动教育模式的教学为例:一是体育课上学生划分足球运动教育模式的运动季,成立足球团队,组织足球季前测试赛、季中正规赛与冠军赛等。学生综合运用多学科知识与技能,参与扮演足球领队、队长、教练、裁判等各类角色的演讲比赛。学生运用数学、美术等学科知识与技能,采取"合作学习、自主学习"等形式,参与足球比赛的个人和团队积分、名次的录取和公布等竞赛工作。二是足球课以比赛形式举办系列庆祝活动,如创作会徽、会旗、会歌比赛;足球卡通人物、足球名人墙壁绘画比赛;制作足球吉祥物、金靴、奖杯、证书比赛;撰写足球运动诗歌、足球征文比赛;设计足球对阵赛程比赛等。通过足球课竞技运动教育模式的"跨学科融合"教学中的系列比赛,评选出足球神射手、最佳解说员、公正裁判员、最美小画家等。让学生产生兴趣,加深对足球技战术、足球文化的深层了解,提高足球技能,增强身体素质、心理素质和社会适应能力。

体育"跨学科融合"学习能够培养学生"运动能力、健康行为和体育品德"的体育与健康课程核心素养,它是跨越学科界限藩篱、实施融合教学、助力学生"德、智、体、美、劳"全面发展的有效途径和方法。体育教师贵在树立"跨学科融合"育人意识,重在付诸改变学生学习方式的实际行动。

三、信息化在体育跨界合作与跨学科融合中的意义

(一)信息化促进了体育与科技的结合,提高了体育的科学性和效率

信息技术可以帮助体育人员收集和分析各种数据,如运动员的身体状况、训练效果、比赛成绩、对手特点等,从而制订更合理的训练计划、竞技策略和评价标准。信息技术也可以帮助体育人员设计和使用更先进的运动器材、设施和服装,提高运动员的表现能力和安全性。信息技术还可以帮助体育人员开发和应用更多的虚拟现实、增强现实和人工智能等新兴技术,创造更多的体育形式和体验项目。

（二）信息化促进了体育与文化的结合，丰富了体育的内涵和外延

信息技术可以帮助体育人员传播和推广各种体育文化，如体育理念、体育价值、体育规则、体育历史、体育故事等，从而增进体育人员之间的相互理解和尊重，促进体育的多样性和包容性。信息技术也可以帮助体育人员创作和展示各种体育艺术，如体育电影、体育音乐、体育舞蹈、体育绘画等，从而提升体育的美感和魅力，激发体育的创造力和想象力。信息技术还可以帮助体育人员探索和融合体育与其他文化领域的关系，如体育与教育、体育与娱乐、体育与旅游等，从而拓展体育的功能和影响，增强体育的社会性和公益性。

（三）信息化促进了体育与社会的结合，扩大了体育的参与和普及

信息技术可以帮助体育人员建立和维护各种体育网络，如体育平台、体育社区、体育媒体等，从而方便体育人员获取和分享各种体育信息、资源和服务，增加体育的便利性和互动性。信息技术也可以帮助体育人员开展和参与各种体育活动，如体育赛事、体育教学、体育健身、体育游戏等，从而满足体育人员的不同需求和兴趣，提高体育的参与度和趣味性。信息技术还可以帮助体育人员关注和解决各种体育问题，如体育伦理、体育公平、体育安全、体育环境等，从而保障体育的质量和可持续性，增强体育的责任感和使命感。

综上所述，信息化在体育跨界合作与跨学科融合中的意义是巨大的，它使体育能够更好地适应和服务于社会的发展，也使社会能够更好地享受和支持体育的发展。信息化是体育的重要推动力，也是体育的重要机遇。体育人员应该充分利用信息化的优势，不断创新和完善体育的理论和实践，为体育的进步和人类的福祉做出贡献。

第三节　数字驱动下的学生个性化教育实践

一、数字技术对体育教育的影响

（一）丰富了体育教育的内容和形式

数字技术可以提供多种多样的体育资源和信息，让学生可以随时随地学习和参与体育

活动。数字技术也可以创造新的体育项目和方式,如电子竞技、虚拟现实、增强现实等,让学生可以体验不同的体育场景和挑战。

(二)提高了体育教育的效率和质量

数字技术可以实现对体育教育的智能化和个性化,如智能教学系统、智能教练、智能评估等,让教师可以根据学生的特点和需求,制订合适的教学计划和策略,提供及时的反馈和指导,提高教学效果和学习效率。数字技术也可以实现对体育活动的监测和分析,如智能穿戴设备、智能运动场地、智能数据平台等,让学生可以了解自己的身体状况、运动表现、健康指标等,提高运动质量和安全性。

(三)拓展了体育教育的范围和影响

数字技术可以实现对体育教育的开放化和共享化,如在线教育平台、社交媒体、云计算等,让学生可以跨越时间和空间的限制,与不同的教师、学校、机构、专家、同伴等进行交流和合作,拓展学习资源和机会。数字技术也可以实现对体育教育的普及化和民主化,如公共服务平台、公益项目、社区活动等,让学生可以参与到更广泛的体育社会和文化中,提升体育意识和素养。

二、个性化体育教育的内涵和价值

个性化体育教育是指根据学生的个性特征、兴趣爱好、学习需求、发展水平等,提供适合每个学生的体育教育内容、方式、环境、评价等,让每个学生都能得到最大的体育教育效益的教育模式。个性化体育教育是一种以学生为中心,注重学生个性发展的教育理念,它强调体育教育应该因材施教,因人而异,因时而变,因地而宜,以满足学生的多样化、个性化、差异化的体育学习需求。

(一)个性化体育教育的内涵

个性化体育教育的内容:指根据学生的身体素质、运动能力、健康状况、兴趣爱好、学习目标等,选择适合每个学生的体育项目、课程、活动等,使学生能够在体育学习中获得知识、技能、情感、价值等方面的全面发展。个性化体育教育内容应该具有多样性、灵活性、开放性、实用性等特点,既要符合国家的体育教育课程标准,又要适应学生的个性化需求,同时也要考虑社会的发展趋势和需求。

个性化体育教育的方式:指根据学生的学习风格、思维方式、认知水平、情感需求等,采用适合每个学生的体育教学方法、策略、手段等,使学生能够在体育学习中主动参与、积极探索、自主创新、合作交流等。个性化体育教育方式应该具有多元性、互动性、创新性、有效性等特点，既要遵循体育教学的规律和原则，又要尊重学生的个性和选择，同时也要促进教师和学生之间的互动和沟通。

个性化体育教育的环境：指根据学生的身心特点、学习需求、发展潜能等，创设适合每个学生的体育教学场所、设施、器材、氛围等，使学生能够在体育学习中感受到舒适、安全、愉悦、自信等。个性化体育教育环境应该具有安全性、舒适性、美观性、适宜性等特点，既要满足体育教学的基本条件和要求，又要考虑学生的个性化喜好，同时也要反映体育教育的文化内涵和价值取向。

个性化体育教育的评价：指根据学生的学习目标、过程、结果等，采用适合每个学生的体育教学评价方法、标准、形式等，使学生能够在体育学习中得到及时、准确、公正、有益的反馈和指导。个性化体育教育评价应该具有针对性、全面性、发展性、促进性等特点，既要遵守体育教学评价的客观性和科学性，又要关注学生的个性化差异和发展，同时也要激发学生的学习兴趣和动力。

（二）个性化体育教育的价值

对学生的价值：个性化体育教育能够充分尊重和满足学生的个性化体育学习需求，激发和培养学生的体育兴趣和爱好，提高和优化学生的体育学习效果和质量，促进和保障学生的身心健康和全面发展，增强和提升学生的体育素养和能力，培育和塑造学生的体育人格和风采，为学生的终身体育和终身发展奠定坚实的基础。

对教师的价值：个性化体育教育能够充分调动和发挥教师的主体作用，激发和提高教师的体育教学热情和水平，拓展和丰富教师的体育教学资源和手段，改进和创新教师的体育教学方法和策略，提升和完善教师的体育教学效率和质量，促进和增进教师与学生的互动和沟通，提高和保持教师的职业满意度和幸福感，为教师的专业发展和职业发展提供有力的支持。

对学校的价值：个性化体育教育能够充分展示和彰显学校的教育理念和特色，提升和优化学校的体育教育质量和水平，增强和改善学校的体育教育环境和氛围，促进和加强学校的体育教育管理和服务，提高和保证学校的体育教育效益和效果，增加和提高学校的体育教育声誉和影响，为学校的教育改革和教育发展注入新的活力和动力。

对社会的价值：个性化体育教育能够充分反映和适应社会的发展需求和趋势，培养和输送具有个性化体育素养和能力的优秀人才，推动和促进体育事业的发展和进步，增进和弘扬体育文化的传播和交流，提高和保障社会的体育健康水平和质量，增强和提升社会的体育凝聚力和向心力，为社会的和谐发展和文明进步做出积极的贡献。

(三)个性化体育教育的实施

教师角色的转变:教师应该从传统的知识传授者和权威者转变为学生的引导者和合作者,从以教为中心转变为以学为中心,从注重教学的统一性和规范性转变为注重教学的多样性和灵活性,从关注教学的结果和评价转变为关注教学的过程和反馈,从单一的教学方式转变为多元的教学方式,从封闭的教学环境转变为开放的教学环境,从主导的教学评价转变为参与的教学评价,从教师为主的教学评价转变为教师、学生、家长、同行等多方的教学评价。

学生主体地位的确立:学生应该从被动的知识接受者和执行者转变为主动的知识探索者和创造者,从依赖的学习者转变为自主的学习者,从单一的学习方式转变为多样的学习方式,从被动的学习环境转变为主动的学习环境,从被评价的对象转变为评价的主体,从单一的评价标准转变为多元的评价标准,从被动的评价反馈转变为主动的评价反馈,从单向的评价沟通转变为双向的评价沟通。

学校支持条件的完善:学校应该从传统的知识传授的场所转变为个性化体育学习的平台,从以教师为主的管理模式转变为以学生为主的服务模式,从单一的教学资源转变为多元的教学资源,从固定的教学设施转变为灵活的教学设施,从封闭的教学氛围转变为开放的教学氛围,从统一的教学评价转变为差异的教学评价,从单一的评价方法转变为多样的评价方法,从单向的评价反馈转变为双向的评价反馈。

社会参与和协作的加强:社会应该从传统的教育旁观者和评判者转变为个性化体育教育的参与者和协作者,从对体育教育的冷漠和忽视转变为对体育教育的关注和支持,从对体育教育的干预和制约转变为对体育教育的促进和帮助,从对体育教育的单一和片面的理解转变为对体育教育的多元和全面的理解,从对体育教育的简单和粗暴的评价转变为对体育教育的细致和公正的评价,从对体育教育的消极和负面的反馈转变为对体育教育的积极和正面的反馈,从对体育教育的封闭和隔离的态度转变为对体育教育的开放和融合的态度。

个性化体育教育是一种以学生为中心,注重学生个性发展的教育理念,它涉及体育教育内容、方式、环境、评价等方面,具有多样性、灵活性、开放性、实用性、多元性、互动性、创新性、有效性、安全性、舒适性、美观性、适宜性、针对性、全面性、发展性、促进性等特点,对学生、教师、学校、社会等都有重要的价值,需要教师、学生、学校、社会等多方面的共同参与和努力,实施起来需要教师角色的转变、学生主体地位的确立、学校支持条件的完善、社会参与和协作的加强等措施。个性化体育教育是体育教育改革和发展的必然趋势,也是体育教育的理想目标,值得我们深入研究和广泛推广。

三、利用数字技术推进个性化体育教育的新路径

分析数字技术对个性化教育带来的影响,有助于我们理性看待和合理应用包括数字技术在内的新一代信息技术和人工智能技术对推进教育现代化的作用,我们要抢抓机遇,推进个性化教育发展,培养新时代需要的全面发展的人才。

(一)保持理性思考

基于数字技术的个性化教育热度在持续上升的同时,需要保持理性思考,克服技术依赖与数据崇拜。

1.选择适合自己的学习方式

数字技术提供了多种多样的学习方式,我们应该根据自己的学习目标、风格和偏好,选择最适合自己的学习方式,而不是盲目跟风或者被动接受。同时,我们也应该保持学习方式的多样性和灵活性,不要局限于一种或几种学习方式,而是根据不同的学习内容和情境,灵活调整和切换学习方式,以达到最佳的学习效果。

2.学会掌握新的学习方法

数字技术不仅改变了学习的方式,也改变了学习的方法。在数字化时代,我们需要学会如何有效地利用数字技术,如何在海量的信息中筛选和获取有价值的知识,如何在复杂的环境中分析和解决问题,如何在多元的社会中沟通和协作等。这些都需要我们掌握新的学习方法,如信息素养、媒介素养、创新素养、批判性思维、合作学习等。这些学习方法不仅可以帮助我们更好地使用数字技术,也可以帮助我们更好地适应数字化时代的变化和挑战。

3.培养三种基本能力

在数字化时代,有三种最基本的能力是我们必须具备和不断提升的,那就是阅读、搜索和辨别真伪的能力。阅读能力是获取知识的基础,搜索能力是获取知识的途径,辨别真伪的能力是获取知识的保障。这三种能力相辅相成,共同构成了我们在数字化时代的学习能力。我们应该培养保持阅读的习惯,把纸质阅读和数字化阅读相结合,提升阅读的广度和深度。我们应该提高信息搜索能力和决策能力,学会在数据海洋中搜索和辨别真伪的能力,有选择地借鉴和吸收。我们应该充分利用信息技术的便利性,主动适应数字化时代的学习特点和学习方式,学会移动式学习、娱乐式学习和社交式学习等。

(二)创新教育思维

面对这种新的、爆炸性增长的新一代信息技术和人工智能技术,数字技术之于个性化

教育更为重要的是思维的转变。教育者应按需且不断寻变，注重持续学习以缩小与数字原著民的鸿沟，拥抱数字技术与智能机器，真正实现教育理念的革新。

1. 教育要以学生为本，尊重学生的主体性

尊重学生的主体性，以生为本并不排斥教师的导向作用，而是需要教师了解和掌握目前学生思维方式的变化，在相关思维、主客观思维、过程思维和经验思维的指导下，注重掌握、整合、处理、挖掘与利用数字技术以适应新的教育发展背景，以学生发展为本，充分发挥学生潜能。

2. 重视培养创新精神和全面个性发展

学生是思维最活跃、知识最密集的群体，在数字技术环境下，学生的思想观念、思维方式和行为方式受到了深刻的影响，需要树立以创新人才培育为导向的个性化教育理念，不断创新教育模式。充分尊重学生的个体差异，了解学生的个性特点以采用科学合理的教育观念、教学方法，培养学生发散思维、横向思维，克服思维定势。

3. 形成终身学习的观念

随着数字技术和人工智能时代的来临，计算机、网络和通信技术的全面覆盖，大量的信息数据生成，人们若是拒绝接受新思想、新观点、新技术，就很可能落后，被社会进步所抛弃。因此，应转变学习与教育思维，提高数据素养，主动拥抱数字技术与智能机器等新工具、新技术。人们如何在信息环境中开展个性化教育工作，还需要不断学习、更新理念、进一步探索和实践。

（三）发展数字技术

1. 要遵循顶层设计，建立健全教育数字化行业标准与规范

教育数字化涉及教育数据的采集、存储、应用、共享等多个环节，如果缺乏统一的标准和规范，就会导致数据的质量、安全、有效性等出现问题。因此，要制定和完善教育数字化的相关法律法规，保障教育数据的合法性、合规性、合理性。同时，要规范所有教育数据管理平台的数据指标，以便各平台数据的有效对接，实现各平台数据的融合共享，为后期深度挖掘与分析做好准备。

2. 要提升教育数据的应用能力，挖掘教育数据的价值

数字化时代真正的革命在于如何运用数据。数据不仅是记录教育过程的客观事实，也是反映教育效果的重要依据，更是指导教育改进的有力工具。因此，要进一步增强整合教育数据的能力，利用数据挖掘、机器学习、人工智能等技术，分析教育数据的规律、趋

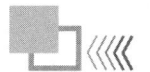

势、问题、需求等，从而为教育决策、教育管理、教育评估、教育研究等提供科学的依据和支持。同时，要借鉴国际上教育数字化应用方面的经验，推进我国教育数字化应用的深入发展，提炼总结有价值的教育数字化运用模式与案例，指导全国各地教育行政部门、学校、教育培训机构等合理应用教育数字化，提高教育质量和效率。

3. 要推动教育服务个性化平台建设，满足师生的个性化需求

数字技术为教育资源的获取、分配、利用等提供了更多的可能性，也为教育服务的个性化、智能化、便捷化等提供了更多的条件。因此，要利用数字技术搭建满足师生需求的教育资源平台，创建个性化的数字化资源，将数字化资源和个性化教学资源有机结合起来，形成一个多元化、开放化、共享化的教育资源体系。同时，要设计一个便于搜索的工具平台，以保证学生能有效获取知识，实现自主学习和个性化学习。此外，要利用数字技术为教师提供个性化的教学支持，为学生提供个性化的学习辅导，为家长提供个性化的教育咨询，为社会提供个性化的教育服务，构建一个全方位、全周期、全覆盖的个性化教育服务体系。

（四）加强人才培养

数字化时代下，教育的改革和个性化教育的发展，不仅需要先进的数字技术，还需要数字技术研究者与实践者敏锐的洞察力和专业能力。因此，加强人才培养是当务之急。首先，建立一支专业化、信息化的师资队伍是实现个性化教育的保障。这就要求教育者要适应时代发展的需要，加强信息化技能培养，创新教学理念和教育方法，依托数字技术，了解学生的学习情况和学习需求，从而为学生量身打造个性化教育方案，实现学生的全面发展。其次，推动数字技术的应用和发展，需要培养一批懂数字技术、具备数字技术采集、分析、处理能力，并且善于研究数字技术、挖掘数字技术的人才，并将数据挖掘、数据分析、人工智能、可视化等先进技术与教育现实问题相结合。因此，跨学科的专家团队在教育数据挖掘、学习分析和视觉分析应该协作设计和实施研究，高等教育机构应建立新的跨学科研究生课程，以培养此专业领域的数据专家。另外，还应组织教育学、管理学、计算机科学、统计学等多学科的研究人员建立专门的教育数字化研究所，集中优势力量解决教育数字化应用过程中存在的问题，同时结合教育发展开展战略性研究，使其成为国家教育数字化发展的智力宝库。

（五）注重多方协作

教育界应创新思维，把常规的教育数据挖掘和新的学习分析结合在一起，注重多方协作，推动个性化教育生态系统的创建。第一，注入人文关怀。在利用数字技术驱动个性化教育的过程中，增加对学生情感价值、认知方面教育的投入。教育针对的是学生的一生，不只是包含技能和知识的学习，还包含价值观、性格塑造以及公民参与，应让人们真正参与到教育之中并且从中受益终生。把人文关怀注入数字技术发展中，处理好人与数据、人与智能机器、价值理性与工具理性之间的关系，彰显数据的温度。第二，加强"家校"合作机制。个人的成长、成才是家庭、学校、社会等多方面因素共同作用的成果，个性化教育的实现也需要家庭、学校和社会的共同参与和配合。首先，扩宽沟通渠道，利用网络平台提高沟通效率，实现有效的双向沟通，了解学生的真实情况；其次，转变家长过分重视成绩的观念，增加对学生心理健康、身体素质、兴趣爱好和创新能力的关注，变应试教育为素质教育和创新教育；最后，家长要提高对学校的关注度，了解学校对促进学生发展的各项措施，提高"家校"合作共育的效果。

四、数字时代学生个性化体育锻炼课程的开发与实践

学科的核心素养是我国新课程标准中的一个新概念。体育学科核心素养是自主健身，它既是素养也是能力。自主健身的核心能力由认知能力、健身实践能力、社会适应能力构成。要使每个学生充分发展自主学习能力，必然要使每个学生形成自己的个性化体育锻炼方式，发挥每个学生的自主健身能力，提高每个学生的身体素质。

在我国目前的体育课堂上，教师大多是以"一"对"多"的形式授课。教师无法考虑到每个学生的锻炼情况，以一分钟跳绳为例，教师给学生布置同样的跳绳任务，有人轻松完成还有余力，有人失误影响成绩，有人会跳但耐力差，有人完成不了任务等，学习效果差异较大。从这个例子可以看出，每个学生的身体素质有差异，教师缺乏对学生的个性分析，课堂时间仓促，教师个性化指导时间不足，导致部分学生锻炼没有信心。

随着校园数字化网络技术的快速发展，学生的学习需求不断提高，数字化学习是一种学习趋势，它为体育学科的个性化学习和体育锻炼提供了可能。一方面，数字化环境下基于数字技术的个性化学习可以使每个学生都受到教师的关注，以学生个性差异为基础，尊重每个学生的个性发展；另一方面，数字技术为个性化平台提供了有力的科学依据，学生可将课内、外参加体育锻炼产生的所有数据，及时上传数字化学习平台，平台收集数据、可视化分析、学练指导、菜单式的锻炼项目，推送给适合每个学生个性化的锻炼指导，数字化学习就是对信息技术与体育课程的整合。

数字技术背景下学生个性化体育锻炼课程的开发，就是利用数字化学习平台，构建个性化教学模型，数字技术分析个性化体质报告及建议，基于网络互动平台指导体育锻炼记

录学习过程，形成体育课内外一体化锻炼构想，提高学生的身体素质，也为终身体育锻炼打下良好的基础。

（一）数字技术背景下学生个性化体育锻炼课程的创新与优势

数字技术背景下学生个性化体育锻炼课程将建立数据模型，这会对学生个性化体育锻炼起到重要作用。本课程为学生提供个性化体育课堂教学，数字化学习平台有教学内容、方法、强度、次数、热身活动、教师示范讲解等供学生选用。

课程的开发缓解了对多媒体教学环境的制约，还操场于学生，数字化学习平台为学生提供各种各样的教学内容，展现的方式都是用直观的画面和动画视频，极大降低学生学习复杂动作结构的难度。同时，通过课程实施，也缓解了体育课堂被繁重学业压缩的矛盾，扩大学生体育活动的范围。由于每个学生生活环境和体育锻炼条件存在差异，教师开设个性化教学环境时要充分考虑。

课程在实施中将体育课程和数字化学习整合、课堂学习和家庭学习相结合、数字技术介入和分层教学效果优化，采用课外自主学习、教师指导的个性化教学方式，构建课内外一体化的教学模式，能够满足每个学生的个性化、多样化的学习和锻炼，提高课堂的实效性和学生的身体素质，为学生终身体育锻炼奠定基础。

（二）数字技术背景下学生个性化体育锻炼课程开发的目标和研究内容

1. 目标

借助数字化学习平台，构建课内外一体化锻炼的学习体系，指导学生开展课内外相结合的学习方式，进一步培养学生自主学习的能力，实现个性化的体育锻炼学习方式，探索体育课程与信息技术的整合，提高课堂教学的有效性。同时积累教学案例、经验方法等，形成相关的实践和理论成果，为同类学校提供借鉴和帮助。

2. 研究内容

①基于学校数字化平台，开发学生个性化体育锻炼课程。数字化体育锻炼学习平台兼具数据分析、教师评测、个性化体育锻炼方案介绍、过程性体育锻炼数据记录及分析等功能。

②基于数字技术背景下学生个性化体育锻炼实践，引导学生通过数字技术对自身体质状况客观分析并制定学习目标。系统记录过程性数据（包括锻炼次数、强度、密度等），并实时分析数据，教师参考数据指导学生，定期对学生的学习情况进行反馈，及时评价并指导调整每个学生的锻炼内容和任务，开展积极、有效的师生互动。

③检测数字化教学的实践效果，对学生进行体质监测。动态数据与原始数据进行对比分析，反馈每个学生个性化学习的效果，宣传主动学习和锻炼的意义。

（三）数字技术背景下学生个性化体育锻炼课程开发的实践探索

1. 开发数字技术的数字化学习平台，营造学生个性化体育锻炼的学习环境

个性化体育锻炼课程的数据模型是体育锻炼学习平台的核心。数据模型由三个部分组成：第一部分是学生体质健康标准测试的数据（包括身高、体重、肺活量、50m短跑、长跑等10项），这些数据分为三类，用图表和运动轨迹来展示。第二部分是课内外融合的锻炼数据，这些数据是科学分析和指导学生个性化学习的依据。第一部分的数据比较基础和稳定，第二部分的数据是实时更新的，学生可以根据这些数据调整锻炼的强度、频率和内容，教师也可以根据这些数据与学生互动和给予反馈，满足学生个性化的锻炼需求，同时鼓励和肯定学生的进步，让学生感受到教师的关心。数据的输入由教师和学生共同完成，教师负责上传和整理大量的数据，如课堂上的考核数据，以及电子身高计、电子体重秤、台阶测试仪等仪器的数据。学生在家里通过电脑或手机登录平台，上传自己的练习强度、频率、次数、成绩，甚至心跳、脉搏等数据，丰富和积累数据库的信息。第三部分是收集大量的体育锻炼的数据，通过计算公式和标准参数来处理和分析，最终为每个学生提供各项指标的图表和文字分析。

2. 科学实施课程，开展学生个性化体育锻炼的实践

利用数字化平台进行课程学习，学生可以得到个性化的体育锻炼指导和帮助。

首先，数字技术根据国家学生体质健康评定标准，为每个学生提供一份体质健康评测报告。报告将数据分为三个方面：学生营养状况（身高、体重）、身体机能水平（肺活量）、身体素质水平（50m短跑、立定跳远等8个项目）。报告展示了每个学生各项指标的图表分析，教师依据图表对各项指标进行科学解读，分析学生体质不良的原因，并通过数字化平台以个性化体质评测报告的形式向学生反馈，让学生了解自己的身体素质状况，明确自己需要在哪个方面加强锻炼，设定自己可以实现的学习目标。

其次，教师利用平台的资料展示功能，为每个学生制订具体的体育锻炼建议和训练方案。

①针对不同体质学生进行分析，提供科学的指导和建议。如对学生饮食热量摄入和生活习惯给出建议，让体重超标的学生首先调整饮食结构，把体重降下来。

②针对三大类学生群体制定科学有效的教学指导和建议。如让体重超标的学生身体素质类的锻炼，制订当前学习目标，教学内容（参加耐力素质练习）、锻炼方法（每天持续

15min以上有氧健身，链接相关有氧运动理论知识网站），不建议快速跳绳（对膝关节冲击力太大）。

③针对具体锻炼项目提供科学的指导和建议。引体向上是一项锻炼上肢力量的运动，它涉及多个肌肉群的协调和平衡。学习平台提供引体向上的力学分析的相关网站，让学生可以深入了解这项运动的原理和要点。教师通过数字化学习平台，可以及时发现和解决学生的学习问题，也可以在课堂上进行有针对性的教学。教师根据学生的水平和特点，进行分层、分组、分类的指导，让学生进行个性化的体育锻炼。学生通过从简单到复杂的过程，逐步掌握引体向上的技巧，例如从反手握杠到正手握杠，从单杠上静止悬吊到连续练习等。数字化学习平台的优势在于，它可以利用文字、图片、视频等多种形式，把教学内容的重点和难点（如空中瞬间动作，容易发生的危险动作等）清晰地展示给学生，增强学生的学习效果。

④针对教师提供的数字化学习平台内容和方法，学生根据自身情况制定自己的学习方案。教师的视频示范与讲解等资料帮助学生更好、更快、更容易地掌握技术动作。教师给出的体育锻炼内容分三大类，每类都分别给出体育锻炼建议。针对同一类锻炼项目，根据学生身体素质、体质情况，采取不同的锻炼项目。

最后，充分利用家庭附近的体育锻炼条件和学习环境。随着经济的不断进步，很多小区的健身设备也日益丰富，设施齐全的小区配备了健身房、游泳池、乒乓球室、网球场等，而老旧的小区也有简易的跑步机、单杠、健身车、塑胶跑道等，学生应该充分利用这些健身设施。体重超标的学生可以在小区游泳池进行锻炼，提高肺活量，有氧耐力的长距离锻炼可以达到减肥的效果，这比跳绳和长跑更适合他们的健身需求；经济条件较好的学生，也可以去健身房锻炼，借助健身房的优良环境和氛围，提高身体素质，打造完美体型。

3. 完善数字化学习平台师生互动策略

（1）学生自主上传体育锻炼的数据，为教师个性化指导提供科学依据的策略

体育教学的目的是培养学生的身体素质和运动能力，同时是培养学生的自主学习和自我管理能力的重要途径。为了实现这一目的，学生需要根据自己的体质状况和学习目标，制订合理的锻炼计划，并坚持执行。而教师的作用是在学生的锻炼过程中，提供必要的指导、监督和反馈，帮助学生调整和优化锻炼方案，提高锻炼效果。

数字化学习平台可以为学生和教师提供一个方便的数据收集和分析的工具，让教师能够更清晰地了解学生的锻炼情况，从而实现个性化的指导和评价。具体的操作步骤如下：

①每个学生通过数字技术对自身的体质状况进行测试，包括身高、体重、肌肉量、脂

肪率、心率、血压等指标，以及自己擅长和不足的项目，如跑步、跳绳、球类、体操等。这些数据可以通过智能手环、手机应用、体质测试仪器等方式获取，并上传到数字化学习平台上，形成学生的体质档案。

②在教师的指导下，每个学生根据自己的体质档案，制定自己的学习目标，如增加肌肉量、减少脂肪率、提高心肺功能、提升某项运动技能等。同时，学生也需要制订自己的锻炼计划，包括锻炼的项目、内容、方法、时间、频率、强度等，以及预期的效果和标准。

③数字化学习平台可以呈现文字、图片、视频等学习资料，通过平台可以方便地获取体育锻炼的各项知识和技能，如运动原理、运动方法、运动注意事项、运动伤害的预防和处理等。学生可以根据自己的学习目标和锻炼计划，选择合适的学习资料，进行自主学习和锻炼。

④学生在锻炼过程中，需要通过数字技术记录自己的锻炼数据，如锻炼的项目、次数、强度、密度、心率、消耗的卡路里等，并及时上传到数字化学习平台上，形成学生的锻炼日志。平台可以对学生的锻炼数据进行实时分析，生成学生的锻炼报告，包括锻炼的效果、进步、问题、建议等。

⑤教师可以通过数字化学习平台，随时查看学生的体质档案、学习目标、锻炼计划、锻炼日志、锻炼报告等数据，了解学生的锻炼情况，为学生提供个性化的指导、评价和反馈。教师可以根据学生的锻炼数据，给出合理的评价和建议，如表扬、鼓励、提醒、纠正、调整等，帮助学生优化锻炼方案，提高锻炼效果。

（2）学习提问与互助解答、互动成果评价策略

体育教学不仅是培养学生的身体素质和运动能力的主要方式，也是培养学生的思维能力和合作能力的重要途径。为了实现这一目的，学生需要在锻炼过程中，遇到问题时能够主动提问，寻求解答，同时能够互相帮助，共同解决问题。而教师的作用是在学生的提问和互助过程中，提供必要的引导、支持和评价，帮助学生提高思维水平和合作水平。

数字化学习平台可以为学生和教师提供一个方便的交流和互动的工具，让学生和教师能够更有效地进行提问和互助，从而实现互动的学习和评价。具体的操作步骤如下：

①数字化学习平台可以设置一个提问和互助的区域，学生可以在这里发布自己在锻炼过程中遇到的问题，如运动方法、运动效果、运动伤害等，也可以在这里回答其他学生的问题，提供自己的经验和建议。平台可以对提问和回答的质量进行评分，给出合理的奖励和惩罚，激励学生积极参与提问和互助。

②教师可以通过数字化学习平台，随时查看学生的提问和互助的情况，了解学生的思维方式和合作水平。教师可以根据学生的提问和回答的质量，给出合理的引导、支持和评

价，如解释、补充、澄清、扩展、鼓励、表扬等，帮助学生提高思维水平和合作水平，同时可以及时发现和解决学生的学习困难。

③数字化学习平台可以设置一个互动成果评价的区域，学生可以在这里展示自己的锻炼成果，如运动技能的展示、运动效果的对比、运动感受的分享等，也可以在这里评价其他学生的锻炼成果，给出自己的意见和建议。平台可以对展示和评价的质量进行评分，给出合理的奖励和惩罚，激励学生积极参与互动成果评价。

④教师可以通过数字化学习平台，随时查看学生的互动成果评价的情况，了解学生的运动水平和评价质量。教师可以根据学生的展示和评价的质量，给出合理的引导、支持和评价，如肯定、赞美、指正、建议等，帮助学生提高运动水平和评价质量，也可以及时发现和解决学生的运动困难和问题。

4. 研究数字化学习的实践效果，检验学生个性化体育锻炼的实效

手机微信方便快捷的使用为教师和学生提供数据搜集的便利，学生也可使用电脑、手机上传数据。数字技术模型的应用，可以处理大量的数据，并进行快速、方便的分析指导，过程性记录等为教师、学生提供快速及时的指导和学习。

经过一段时间，学生参加体育锻炼的动态数据不断变化增加，随着学生大量体育锻炼数据的上传和输入，平台对学生体育锻炼的目标会不断提高，学生的成绩也会不断提升。最后用动态数据与原始数据进行系统内部的分析，得出每个学生个性化学习的效果和主动学习的参与度。

5. 研究个性化体育锻炼课程对传统体育课堂教学的影响与改变

数字技术使学生个性化体育锻炼得以实现，也促进了个性化体育课堂教学的实施。在个性化体育锻炼数据的基础上，个性化体育课堂教学的构建包括两个部分。第一部分是课堂内体育锻炼教学，主要是对学生进行分层教学。分层教学原则：要因材施教、彰显体育教学独特功能（教师处理好优、良、差各层学生的心理感受及关系，要平等对待每位学生，关爱差生学习感受）、关注学生身体素质的差异性、增加学生学习信心、激发学生学习兴趣。教师利用数字技术进行分析，针对全班的薄弱项目加强体育锻炼，课上对全班学生进行分层、分组、分类个性化的教学，教学要求、任务、内容要充分考虑，实行优、良、合格、需努力的评定标准。第二部分是课堂外体育锻炼教学，主要是让每个学生进行个性化的体育锻炼。根据数字技术的分析报告和指导意见，学生根据家庭的锻炼环境、条件，针对自己的弱项寻找适合自己的锻炼项目，促进学生身体素质的提高，促进课堂教学效果的提升。

参考文献

[1] 陈红星.新媒体时代学校体育教育生态研究[M].北京：科学技术文献出版社，2023.

[2] 陈强，刘俊凯.高等院校体育教育专业教育实习指南[M].开封：河南大学出版社，2023.

[3] 卢茂春.高校体育教育与管理的理论及实践探索[M].广州：广东人民出版社，2023.

[4] 栾朝霞.高校体育教学改革与健康教育研究[M].北京：北京工业大学出版社，2023.

[5] 冯元喜.现代教育技术下高校体育教学的改革与发展研究[M].长春：吉林出版集团股份有限公司，2023.

[6] 汪全先.新时代体育教育专业学生综合素养培育研究[M].北京：中国书籍出版社，2023.

[7] 牟惠康，张倩.数字化教育探索与研究[M].杭州：浙江大学出版社，2022.

[8] 李庆兵.中式体育教育研究[M].哈尔滨：东北林业大学出版社，2022.

[9] 张迪.体育教育与运动训练研究[M].长春：吉林出版集团股份有限公司，2022.

[10] 蒋红霞.体育概念研究体育价值回归教育本质的视角[M].上海：上海交通大学出版社，2022.

[11] 刘生彦，徐桂兰.高校体育与健康教育教程[M].西安：西安交通大学出版社，2022.

[12] 韩奇.现代体育教育与健康促进实施路径探索[M].北京：中国书籍出版社，2022.

[13] 欧阳玲，洪文兴.教育数字化区块链技术与实践[M].厦门：厦门大学出版社，2022.

[14] 李华.信息时代乡村教育的数字化转型[M].北京：科学出版社，2022.

[15] 陈兴雷，高凤霞.高校体育教育与管理理论探索[M].天津：天津科学技术出版

社，2022.

[16] 黎年茂，韦江华.高校体育与健康教育［M］.北京：北京理工大学出版社，2022.

[17] 唐定.体育人才创业教育与创新思维［M］.武汉：华中科技大学出版社，2022.

[18] 李景丽.创新教育背景下的体育教学发展探索［M］.南京：南京出版社，2022.

[19] 肖福俊.高校体育教育与立德树人协同研究［M］.长春：吉林出版集团股份有限公司，2022.

[20] 周丽云.高校体育教育理论与项目实践教程［M］.北京：中国书籍出版社，2022.

[21] 李建春.基于素质教育视角的高校体育教学改革与发展探索［M］.北京：中国书籍出版社，2022.

[22] 覃雪芹."互联网+"背景下体育教育发展新思路［M］.长春：吉林人民出版社，2021.

[23] 施小花.当代高校体育教育理论与发展探究［M］.长春：吉林人民出版社，2021.

[24] 林丽芳.现代高校体育教育专业多维构建［M］.北京：北京出版社，2021.

[25] 凌晨.基于成果导向的我国体育教育专业认证指标体系研究［M］.武汉：华中师范大学出版社，2021.

[26] 洪健平.且行且思且探索的体育教育［M］.杭州：西泠印社出版社，2021.

[27] 董海军.现代链球投掷技术与训练体育教育训练学［M］.北京：北京体育大学出版社，2021.

[28] 向宇.高校体育与健康教育［M］.北京：人民邮电出版社，2021.

[29] 王冬梅.高校体育教育创新发展研究［M］.长春：吉林人民出版社，2021.

[30] 黄彦军.体育教育学科核心素养提升读本［M］.广州：广东高等教育出版社，2021.

[31] 汤彪.数字化教育［M］.北京：中华工商联合出版社，2021.

[32] 马顺江.互联网+教育背景下高校体育教学创新思路研究［M］.沈阳：辽宁大学出版社，2021.

[33] 张铁军.学校体育教育的多视角研究［M］.北京：经济管理出版社，2021.